전성기 웰에이징 시리즈는 이런 책입니다

'어떻게 나이들 것인가'에 대한 질문과 인생 선배들의 답변
'잘 나이 드는 것'이 우리의 공통 관심사가 되었습니다. 이에 라이나전성기재단은 지난 2014년 5월부터 2021년 4월까지 발행된 중년의 2라운드 인생 안내서 <전성기> 매거진에서 건강하고 의미 있는 나이 듦의 가치를 실현한 인생 선배들의 이야기를 재가공해 '웰에이징 시리즈'를 만들었습니다. '어떻게 하면 잘 나이 들 수 있을까?'에 대한 질문에 8년간 만난 1100여 명의 인생 선배들이 그 답을 드립니다.

전성기 활동가와 함께 만드는 책
50+세대의 배움 공간인 '전성기캠퍼스'가 재능과 경험을 교류하는 '전성기 활동가'를 필두로 함께 배우고 나누는 프로그램을 시작합니다. 전성기 활동가들은 강좌 뿐 아니라 소모임을 이끌고, 사회 공헌 활동에도 참여하고 있습니다.
이 책이 '사회에 도움이 되는 어른'이 되고자 하는 이들에게 삶의 지침서가 되고, 봉사하는 삶을 통해 모범을 보여주신 분들에게 전달된다는 목적에 뜻을 같이하는 전성기 활동가도 다양한 재능으로 책의 제작에 함께했습니다.

읽는 책에서 보는 책으로
시력 저하와 노화로 인해 읽는 것보다 보고, 듣는 것이 더 편해진 세대를 위해 인터뷰 일부를 동영상으로 제작했습니다. 이제 유튜브 '전성기TV'에서 인생선배들의 이야기를 보고 들으세요.

이 책의 표지는 고지 배합율 20% 이상 함유된 환경친화적 인쇄용지로 제작했으며, 내지는 용지 두께에 비해 무게가 가벼워 손목에 무리가 가지 않는 특수 백상지를 사용했습니다.

재생지

무염소 표백 펄프 ECF

WELL AGING SERIES
_QUESTIONS OF AGING

도시를 떠나서 살아볼까?

여는 글

왜 그들은 시골에서
인생 2라운드를 시작했을까?

"다 때려치우고 시골 가서 농사나 지으며 살까?"
일상에 지칠 때 흔히 하는 말입니다. 시골에서라면 도시에서 입은 몸과 마음의 상처가 치유될 것만 같기 때문이죠. 이런 사람들의 마음을 반영하듯 도시의 삶을 뒤로하고 자연의 품으로 들어가 힘들었던 인생을 추스르며 욕심 없이 살아가는 이들의 이야기를 다룬 TV 프로그램 〈나는 자연인이다〉는 방영 초반 '누가 이런 프로를 보겠냐'는 우려를 일축하고 수년째 높은 시청률을 지켜내고 있습니다. 그리고 실제로 시골행을 꿈꾸는 데 그치지 않고 행동으로 옮기는 사람도 늘고 있습니다. 지난 2020년 귀농·귀촌 인구통계를 보면 전년 대비 7.4% 증가해 귀농·귀촌 통계조사를 시작한 이래 최대치를 기록했지요. 특히 전체 귀농·귀촌 인구 중 67.5%가 5060세대였습니다. 50+를 위한 포털 전성기닷컴에서도 '은퇴 후 도시를 떠나 사는 삶'을 주제로 설문 조사를 진행했습니다. 그 결과, 조사에 참여한 394명 중 무려 84%가 도시를 떠나고 싶다고 답했습니다. 이들이 인생 2라운드를 맞아 삶의 공간을 바꿔 시골로 향하는 이유는 퇴직 후 여생을 여유롭게 보내기 위해, 건강 때문에, 농촌 생활에 대한 로망과 도시 생활에 대한 회의, 인간다운 삶을 살고 싶어서, 생활비 절약 등 다양했습니다. 대부분 도시의 속도에 맞춰가며 사는 삶이 버거워지는 나이가 되면서 좀 더 삶의 여유를 누리기 위해 시골을 택하는 것이었습니다. 이어 도시를 떠난다면 어떤 곳에서 살고 싶은지 묻는 질문에 여성들은 고향 마을과 같이 추억과 연고가 있는 익숙한 곳을 더 많이 선택한 반면, 남성들은 아는 사람이 아무도 없는 외딴곳을 선호했습니다. <나는 자연인이다> 시청자 대부분 남성인 이유를 알 수 있는 대목이지요. 하지만 무엇보다 이제는 나 자신을 찾고, 내가 무엇을 좋아하는지, 어떤 삶을 살고 싶은지 성찰할 수 있는 시간과 공간을 원하는 게 아닌가 싶습니다.

아직 용기를 내지 못한 분들, 치열하게 자리 잡아 열심히 뿌리내리고 살아온 도시를 떠나도 괜찮을까 고민하는 이들을 위해 이번 <전성기 웰에이징 시리즈>는 도시를 벗어나 시골로 과감히 삶의 공간을 옮긴 인생 선배들의 이야기를 담았습니다. 삶의 공간을 바꿔보는 것도 인생의 방향을 정하는 방법이 될 수 있고, 기회가 될 수 있으며, 자신을 찾는 시간이 될 수 있다고 말하는 이들. 실패하거나 경쟁에 밀렸기 때문이 아니라 온전히 행복을 위한 선택이었고, 준비의 시간과 과정은 설렜으며, 시골에서도 아니 시골이어서 충분히 빛나는 삶이라고 말합니다. 도시를 떠나 새로운 삶을 살고 있는 인생 선배들의 이야기를 읽고 나면 여러분도 이들처럼 단단하고 희망차며 편안한 얼굴이 되어 있을 거라는 생각이 듭니다. 물리적 공간이 바뀌면 삶의 관점과 방향도 바뀌니까요.

CONTENTS

INTRO

004   왜 그들은 시골에서 인생2라운드를 시작했을까?
008   자연에 산다는 건, 자신에게 집중하며 나만의 속도를 찾는 것 전 산림청장 조연환

PART 1 내가 도시를 떠난 이유

022   다 살아지게 된다, 어디서든 **여성학자 오한숙희**
030   '평창 김반장'으로 내 역할 찾으며 산다 **배우 김청**
036   흙을 만진 후 다시 배운 삶의 공평함 **전 국회의원 여상규**
040   느리고 또 자유롭게, 생태적으로 살기 **영남대학교 명예교수 박홍규**

PART 2 내가 자연인이 된다면

048   내가 꿈꾸는 리틀 포레스트

PART 3 내가 자연인이 될 줄이야

064   잘나가던 광고 회사 대표는 왜 산으로 갔을까 **인제 표선농원 김강중**
070   전직 서울시 공무원이 시골 마을 반장이 된 비결은 **가평 자두 농장 장영각**
076   스타벅스가 주 거래처, 네잎클로버가 준 억대 매출의 행운 **과천 푸드 클로버 홍인헌**
081   전직 외환 딜러는 어떻게 춘천의 목장주가 됐을까 **춘천 해피초원목장 최영철**
086   서울 토박이 세 자매의 버섯 농사기 **용인 혜미농원 김혜란·김미선·김미정**
092   연 매출 10억의 라벤더 농장을 만들기까지 **고성 하늬라벤더팜 하덕호**
100   한국에서 커피 농사를 짓는다면 **담양 커피농장 임영주**

105	해외 이색 작물 하미과로 농촌 정착에 성공하기까지 **제천 하미농원 김영완**
110	도시에서 틔운 싹, 고향 땅에 아주심기 **양평 별똥밭농장 노재석**
116	전직 프로 복서가 산머루 농사지으며 토종 와인 메이커가 된 이유 **김천 수도산 와이너리 백승현**

PART 4 시골에 살지만 농부는 아닙니다

124	왜 굳이 도시에 살아야 하죠 **속초 오가든스 정원 디자이너 오경아**
130	세계를 누비던 IT 테러 전문가, 수제 맥주 양조장으로 전원에 정착 **제천 뱅크크릭브루잉 홍성태**
136	시골에서는 취미도 일처럼, 일도 취미처럼 **서천 소운예방 박용운·김소연**
141	은행 지점장이 퇴직 후 지리산으로 들어간 까닭 **구례 노고단 게스트하우스&호텔 정영혁**
146	대기업 박차고 시골로, 농사와 도예 두 마리 토끼 잡기 **영월 산가락영토 조후연·오지영**
151	연봉 1억 전직 은행원, 차와 함께 고향으로 **정읍 차샘정읍 정명성**
156	트렌디한 공연 기획자가 산골 폐교에서 사는 이유 **평창 감자꽃 스튜디오 이선철**
160	부모님의 정원 위에 지은 세상에 하나뿐인 카페 **홍천 러스틱라이프 고병율**
165	술 빚어 함께 나누니 기쁠 수밖에 **포천 전통주 메이커 김영순**

PART 5 이런 곳에 삽니다

172	우리만의 시골 마을에 모여 함께 삽니다 **곡성 강빛마을 고진석**
180	전봇대, 가로등 없는 삶을 지향합니다 **서천 산너울마을 정성기**
186	은퇴를 준비하는 도시인의 자연 속 한옥 마을이죠 **홍천 내촌마을 김민식**
192	오래된 목조 주택을 취향대로 고쳤습니다 **화순 시골집 이택균·임경혜**
196	5.5평짜리 작은 집 한 채를 직접 지어 삽니다 **제천 작은집건축학교 문정호·손정현**
200	시골 빈집을 개조한 나만의 흙집에서 삽니다 **서천 시골흙집 오미숙**

자연에 산다는 건
자신에게 집중하며
나만의 속도를 찾는 것

전 산림청장 조연환

열아홉 살 말단 공무원에서 산림청 최고 자리인 산림청장까지 40여 년간 공무원으로 살아온 조연환 전 산림청장은 그 누구보다 성실하고 치열한 시간을 보냈다. 7급으로 승진했을 무렵엔 주경야독해 임업직 기술 고시에 합격했고, 25대 산림청장에 오르기까지 서울과 대전을 오가느라 대도시에서의 삶은 늘 빠듯하고 바쁘게 흘러갔다. 그래서일까? 퇴임을 앞두고 인생 2막에 대해 생각하다 보니 굳이 도시에 남아 바쁜 생활을 이어갈 필요가 없겠다는 생각이 들었다. 아내가 텃밭을 일구던 충남 금산 땅에 소박한 집을 지어 살기로 마음먹고 퇴임한 다음 날 전입신고까지 마쳤다. 인생의 새로운 전환점을 맞아 도시를 떠나 자연으로 삶의 터전을 옮긴 그에게 자연 속에서 사는 이야기를 들었다.

누구나 한 번쯤은 퇴직을 앞두고 자연에서의 삶을 꿈꾸지만, 익숙함을 뒤로하고 새로운 도전을 하기 쉽지 않은 나이입니다. 결단을 내릴 수 있었던 결정적 계기가 있었나요? 저는 의외로 쉬웠어요. 청 단위 중앙행정부처의 대전 이전 방침에 따라 1998년 산림청과 함께 저희 부부도 대전으로 이사하게 되었죠. 서울에서도 아파트 베란다 가득 꽃을 심어 기를 정도로 꽃을 좋아하던 아내가 그때부터 주말농장을 분양받아 농사를 짓기 시작했어요. 힘든 줄 모르고 아주 즐겁게 농사에 재미를 붙여가는 게 보기 좋더라고요. 그래서 제가 하루는 아내에게 "가난한 공무원에게 시집와서 평생 고생 많이 했는데, 당신을 위해서 텃밭 하나 마련해 줄까?" 물었더니 너무너무 좋아하는 거예요. 그래서 주말마다 틈나는 대로 공주로, 옥천으로, 보은으로 드라이브 삼아 땅을 보러 다녔죠. 지금 생각하면 그때 마치 연애 시절 데이트하는 기분이 들었던 거 같아요. 그러다 우연히 지인 소개로 충남 금산에 좋은 땅을 만나서 텃밭을 꾸리게 된 거죠. 그때부터 매일 아침 저는 대전 청사로, 아내는 금산 텃밭으로 출근하는 생활을 5년 가까이 이어왔어요. 그러면서 자연스럽게 퇴직 후 산 좋고 물 맑은 자연에서 여유롭게 살고 싶어진 것 같아요. 일심동체였는지, 퇴임을 1년여 앞두고 아내에게 슬쩍 "여보, 우리 퇴직하고 금산 땅에 아예 집을 짓고 살까?" 물으니 땅을 마련해 줄 때보다 더 기뻐하더라고요. 그래서 집을 짓기 시작했고, 퇴임식을 한 다음 날 금산으로 전입신고까지 하면서 일사천리로 진행되었어요.

연고도 없는 낯선 곳에 정착한다는 것이 쉽지 않았을 것 같은데, 금산을 선택한 이유가 있나요? 고향으로 가면 아무래도 익숙하니 시작이 수월할 순 있어요. 하지만 연고가 없는 곳에서 하나씩 체득하며 적응해 나가는 과정도 나름대로 보람이 있죠. 타향도 정들면 고향이라고 하잖아요. 살아보니 굳이 꺼릴 이유를 못 찾겠더라고요. 저희 부부가 금산으로 온 이유는 딱 하나예요. 이 땅 때문이었지요. 처음 보는 순간 누가 먼저라 할 것도 없이 '이게 바로 우리 땅이구나' 첫눈에 반해버렸거든요. 사실 당시에는 오랫동안 방치되어 있던 터라 아까시나무와 칡덩굴이 사방으로 뒤엉켜 우거져 있었고, 심지어 뱀이 벗어놓은 허물도 보이더라고요. 그런데 정남향의 양지 바른 땅 앞으로 봉황천의 맑은 시냇물이 흐르고 풍요로운 들판과 마치 봉황새가 날아오르는 것 같은 형세의 산이 병풍처럼 펼쳐져 있었어요. 그뿐 아니라 땅 뒤로는 야트막한 산이 마치 땅을 보듬듯 감싸 안고 있어 포근한 느낌이었죠. 바로 계약했어요. 이건 여담인데, 땅을 마련할 때만해도 제가 진급이 여의치 않아 고심이 깊었거든요. 그런데 그 뒤 불과 5년 사이에 국장에서 차장, 차장에서 청장까지 일이 술술 풀렸어요. 좋은 땅의 기운을 받은 덕분인 것 같다고 생각했지요.

땅을 마련하고, 터를 닦고, 집을 짓기까지 6년간 땅에 정을 붙이고 준비하는 과정이 궁금합니다. 땅을 계약하고 가장 먼저 업자를 불러 장마에 무너진 둑을 새로 쌓고, 길을 내고, 땅을 고르는 작업에 돌입했어요. 전지 작업이 마무리될 무렵 작은 관정(지하수를 이용하기 위한 우물)을 내고 농업용 전기까지 설치하니 제법 텃밭의 모습을 갖춰가더라고요. 아내는 매일 와서 돌을 골라내고 씨앗을 뿌리고 꽃을 심으며 정성을 다해 그동안 쌓은 실력을 발휘해 나갔죠. 그렇게 1년을 지내보니까 비가 오면 비를 피하고, 무더운 여름에 쉴 만한 그늘이 있어야 되겠더라고요. 낙엽송으로 정자를 짓고 '녹우정'이라 이름 지었습니다. 정자를 완성하고 나니 그 다음에는 바람을 피할 수 있는 조그마한 공간이 갖고 싶더군요. 이동식 주택을 알아봤는데, 예상보다 값이 꽤 나가 망설이던 차에 우연히 컨테이너 하우스를 알게 돼 그다음 해에 약 20㎡(6평)짜리 컨테이너 하우스를 장만했어요. 컨테이너 하우스에 입주한 첫날, 마침 보름달이 떠서 창문 너머에서 환히 비추더라고요. 세상에서 가장 호화로운 별장을 가진 것같이 행복했습니다. 저 역시 주말 뿐 아니라 평일에도 퇴근 후 모닥불을 피워놓고 풀벌레 소리를 들으며 별을 세어가면서 밤을 보내고 새들의 지저귐에 깨어 출근하곤 했어요. 그때부터 아내는 그 컨테이너 하우스에서 지내고 싶어 했죠. 그렇게 자연에 사는 맛을 알고 나니 굳이 퇴직 후 아파트에 살 이유가 없겠더라고요. 제가 노후에 삶의 터전을 바꾸려는 분들에게 꼭 당부하는 것 중 하나가 바로 이거예요. 가급적 은퇴 전에 계획을 세우고 충분히 연습을 하며 적응하는 시간을 가져보라는 거죠.

자연의 삶으로 정착하고나서 무엇이 가장 많이 바뀌었나요? 자연에서 산다는 건, 우선은 시간에 쫓기지 않는다는 거예요. 해가 뜨면 일을 하고 해가 지면 집으로 돌아오는 식으로 자연의 시간에 맞춰서 살아가게 되더라고요. 그리고 자연에서는 내 몸을 움직여 일을 하면 꼭 그 성과가 나타납니다. 잡초를 뽑아주면 꽃들이 행복해서 웃고, 상추 씨앗을 뿌리면 일주일 뒤에 여린 싹들이 땅에서 올라오는 것이 너무 신기합니다. 이렇게 땅을 고르고 씨앗을 뿌리고 꽃을 가꿔가는 것 자체가 주는 행복이 너무 크지요. 그리고 무엇보다 몸이 많이 달라진 것 같아요. 식탁 위에 올라오는 음식이 농사지은 것이나 자연에서 얻은 것이 대부분이에요. 팥도, 감자도, 고구마도, 달걀도, 옥수수도요. 쌀은 이웃에서 농사 지은 것이고요. 도시에서처럼 하루가 멀다 하고 마트에 들르지 않아도 되고 장 보는 양도 확연히 줄었어요. 그렇게 식탁이 담백하고 건강해지니 자연스럽게 몸도 많이 가벼워지고 건강해졌죠. 가끔 은퇴 전 사진과 비교해 보면 안색이 환해진 게 눈에 띄어요. 실제로 주변에서 얼굴이 편해지고 좋아졌다는 이야기를 많이 듣습니다. 지금 제 나이가 75세인데, 아직까지 그 흔한 혈압약이나 당뇨약도 안 먹고 건강하게 살 수 있는 것 역시 자연과 함께한 덕분이 아닐까 합니다.

어느덧 16년, 이제는 익숙한 일상이 된 지금도 여전히 자연이 아름다운가요? 이제 곧 냉이를 캘 때거든요. 언 땅을 뚫고 올라온 냉이를 이른 아침에 캐서 된장 풀어 끓이면 그 향이 마트에서 사는 것과는 차원이 달라요. 냉이 지나고 나면 바로 화살나무에서 순이 올라오고 그다음엔 두릅, 그다음엔 다래순, 또 그다음에는 고

사리까지, 이 모든 건 제가 농사지은 게 아니에요. 그냥 자연이 저에게 주는 거예요. 그리고 식물을 잘 모르니까 엉뚱한 거 뽑았다고 때때로 아내에게 혼나는 경우가 있거든요. 그럴 때는 마당에 모닥불을 피워놓고 혼자서 불멍을 해요. 그러면 풀벌레 소리가 저를 위로하죠(웃음). 자연이 주는 이 모든 것이 시간이 지나고 익숙해진다고 해서 행복의 크기까지 줄어들까요? 그렇지 않더라고요. 자연은 늘 새롭고 경이롭습니다. 정말이지 자연과 함께하는 삶은 똑같은 하루가 없습니다. 날마다 변화를 체감하고 계절이 바뀔 때마다 매번 새롭거든요. 하루하루가 새로운 날이니 매일매일 설레죠.

자연에서는 몸을 움직이는 만큼 얻게 된다는데, 하루 일과는 어떤가요? 겨울에는 새벽 5시쯤 일어나요. 2층 서재에 올라가서 2시간 정도 책을 보고 글도 쓰면서 누구에게도 간섭받지 않는, 온전히 저만의 시간을 보내죠. 7시쯤 1층으로 내려오면 아내도 그즈음 일어나 함께 아침 식사를 차립니다. 저는 쌀과 콩을 씻어 밥을 안치는데, 고구마와 감자, 달걀을 씻어 밥솥에 함께 올려 찌곤 해요. 밥이 되어가는 사이 사과 하나를 깎고, 우유를 데워 먹죠. 제가 밥을 준비할 때 아내는 찌개나 국을 끓여요. 그렇게 상을 차려 8시부터 9시까지 느긋하게 아침을 먹고 커피까지 한잔 마시죠. 아침을 먹은 다음에는 뭘 하겠어요? 새벽에 일어났으니 노곤하잖아요. 이때 30~40분 정도 한숨 자는 게 큰 낙이에요. 그리고 10시쯤 찬 공기가 데워지면 정원과 텃밭에 나가 거름도 주고 정리도 하죠. 이후 점심을 간단히 차려 먹은 다음에는 천변 길을 1시간 정도 산책하고, 4시 반쯤 저녁 준비를 해요. 이른 저녁을 먹는 이유는 제가 9시면 잠자리에 들기 때문이지요.

계절마다 일과가 좀 다른가요? 여름에는 좀 달라요. 더워지기 전에 일을 해야 하니 4시쯤 일어나 1시간 정도 서재에서 시간을 보내고 늦어도 5시에는 밭에 나가죠. 여름엔 새벽에 일을 하고 들어와 아침을 먹기 때문에 더 꿀맛입니다. 그리고 낮에는 볕이 뜨거우니 집에서 빈둥대고 쉬다가 해 질 무렵에 다시 나가 물을 주고 일을 하죠. 정성껏 땀 흘려 일하면서도 재촉하는 이가 없으니 그 시간 안에서 또 충분히 여유를 즐기며 살고 있어요. 하지만 비가 와서, 너무 더워서, 일하기 싫어서 등 이런저런 핑계를 찾아 할 일을 차일피일 미루며 게으름을 피우면 결국 자연은 보복을 하더라고요. 특히 여름에는 정말 하루 이틀만 밭에 안 나가도 잡초가 얼마나 자라 있는지, 아주 혹독하게 벌을 받습니다.

아내는 꽃 농사, 남편은 글 농사. 서로 추구하는 행복의 지점이 다른데, 어떻게 공존하고 있는지 궁금합니다. 아내는 꽃을 가꾸고 식물을 키우는 행복이 큰 사람이에요. 오늘은 무슨 꽃이 피었고, 어떤 식물에 새싹이 움텄는지 제게 늘 이야기해 줘요. 그런데 사실 저는 무슨 꽃이 피었는지, 꽃 이름이 무엇인지도 잘 모르는 경우가 많거든요. 그래서 진짜 혼도 많이 났어요. 쑥부쟁이도 모르냐, 모란하고 목단도 구분 못 하느냐 이런저런 핀잔을 듣다 보니 예전에는 분명히 성실하고 능력 있는 남편이었던 것 같은데, 한순간에 무능한 남편이 되어버리더라고요. 아무래

도 산림청장을 지냈으니 사람들은 으레 제가 나무도 꽃도 정말 잘 알 거라고 생각하거든요. 그런데 저하고 오래 사귄 사람들은 꽃과 식물에 대해 궁금한 게 있으면 제가 아니라 아내에게 묻죠. 실제로 퇴임하고 천리포수목원장을 지낼 때 아내가 그렇게 좋아하는 꽃을 원 없이 보니 정말 행복해하더라고요. 그때 아내의 권유로 숲해설가 교육을 함께 받고 일주일에 한 번씩 '조연환·정정순과 함께하는 천리포수목원 산책'이라는 프로그램을 진행하기도 했어요. 아내가 꽃 한 송이, 풀 한 포기에 얼마나 정성을 쏟는지 옆에서 보며 알게 되니 그 소중함을 자연스레 이해하게 되었어요. 식물을 좋아하는 아내를 두어서 때로는 힘들지만, 그래서 행복하죠. 저는 아내와 달리 자연에서 글 소재를 찾고 고민을 합니다. 정말 자연 속에는 너무나 많은 글감이 있어요. 시를 쓰거나 글을 써서 SNS에 올리고 사람들과 공유하고 소통하고, 그걸 한 권으로 엮어 시집을 발표하기도 했어요. 그리고 과분하게도 녹색문학상까지 받았죠. 처음엔 아내가 휴대전화만 들여다본다고 타박하기도 했지만, 이제는 아내가 먼저 제 글을 읽어주고 글감도 함께 찾아주곤 해요.

처음 이곳에 오자마자 시골 집에 사람들이 끊이지 않았다고요. 컨테이너 하우스를 들인 다음부터는 일주일이 멀다 하고 함께 일하는 직원들과 지인들을 초대해 텃밭에서 기른 상추와 쏨바귀를 뜯어 삼겹살 잔치를 열었어요. 모닥불을 피워놓고 이야기도 많이 나눴죠. 그렇게 제가 국장, 차장, 청장을 지내는 동안 일주일에 한두 팀씩 금산에 다녀갔던 것 같아요. 도시의 아파트 같았으면 어떻게 그 많은 손님을 치를 수 있겠어요. 그들도 바쁘게 살다가 경치 좋고 공기 좋은 이곳에서 여유롭게 즐기다 가는 시간을 참 좋아했어요. 그리고 은퇴 이후에도 마찬가지였던 것 같아요. 자연에 사니 친구들이 절로 발걸음을 하고 찾아오더라고요. 너무 고맙고 반갑죠. 그럴 때면 밭에서 딴 오이를 송송송 채썰어 넣고 소박하게 국수 한 그릇 말아 대접하더라도 제가 손수 땀 흘려 농사지은 작물들을 사람들과 나누니 얼마나 뿌듯한지 몰라요. 이웃과 나누는 재미 역시 제가 자연에 살기 때문에 누릴 수 있는 행복이겠죠.

시골살이의 행복을 좌우하는 건 좋은 풍광보다 이웃이라는데, 어떻게 하면 잘 지

낼 수 있을까요? 도시의 아파트에서는 문을 닫으면 딱 우리만의 공간이잖아요. 옆집에 어떤 사람이 사는지 몰라도 생활하는 데 크게 지장이 없지만 자연에서는 달라요. 스스로 먼저 좋은 이웃이 되면 이웃도 나에게 좋은 이웃이 되지만, 그게 말처럼 쉽지 않더라고요. 저희가 처음 이 땅을 매입했을 때, 여기에 진입로가 없었어요. 위쪽으로 오가는 분들은 차나 경운기를 세워두고 논두렁으로 걸어가는 수밖에 없었죠. 길을 좀 내어달라는 요청에 기꺼이 길을 내드렸죠. 앓던 이가 빠졌으니 정말 고마워할 줄 알았는데, 현실은 그렇지 않더라고요. 내가 먼저 가까이 가려고 해도 쉽게 마음의 문을 열지 않는 부분이 있구나 느꼈죠. 공통의 관심사가 없다 보니 대화를 나누기도 쉽지 않았어요. 그래도 꾸준히 두드렸죠. 일손이 바쁠 땐 이웃 밭에 가서 일을 거들고, 저녁에는 반찬 두어 가지 챙겨 막걸리 한잔하자고 찾아가곤 했어요. 그렇게 조금씩 마음을 열고 나니 이제는 도리어 그들이 저희 부부에게 더 많이 베풀어줍니다. 가을에 햅쌀 도정했다고 쌀 한 자루를 가져다주고, 두부를 만드는 날엔 따끈따끈한 두부도 한 접시 내어주고요. 도시에서는 느껴보지 못한 오고 가는 돈독한 정이 생겼죠.

2047년 소멸될 지자체에 지금 살고 있는 충남 금산이 포함되어 있습니다. 이곳에서 지속 가능한 시골살이를 위해 따로 활동을 하고 계신가요? 얼마 전 금산이 고향이거나 금산으로 귀촌한 사람들을 중심으로 '금산을 사랑하는 사람들의 모임'을 만들었어요. 우리가 살고 있는 이 지역을 조금 더 아름답고 밝고 행복한 마을로 만들어보자는 뜻으로 뭉쳤죠. 제가 이사장을 맡았고, 100여 명의 회원이 매달 한 번씩 둘레길을 걷고 금산의 인문·역사·문화를 배워가는 시간을 갖고 있어요. 저 역시 몰랐던 금산의 구석구석을 살피게 되고 이곳의 자랑과 전통을 알게 되면서 그 속에서 우리가 무엇을 좀 더 보탤 수 있을지 머리를 맞대게 되더라고요.

지역사회 활동을 하게 된 특별한 계기가 있나요? 제가 이런 생각을 가지게 된 건 바로 고 노무현 전 대통령의 영향이에요. 제가 산림청장을 지낼 때 대통령께서 저희 부부를 청와대 관저로 초청해 주신 적이 있어요. 그때 내외분과 북악산을 등반했는데, 올라가는 3시간 동안 대통령을 그만두면 시골에 내려가 살겠다는 말씀을 하셨어요. 어릴 때 뛰어놀던 그 시냇물을 깨끗하게 복원해서 어린아이들이 마음껏 헤엄칠 수 있는 그런 시골을 만들고 싶다고요. 실제로 대통령께서 퇴임 후 고향 마을로 내려가셨잖아요. 저는 마을 주민들의 환대를 받으면서 아주 편안하게 지내시는 줄로만 짐작했죠. 그런데 돌아가신 뒤 〈바보 농부 바보 노무현〉을 읽어보니, 고향 마을 앞 냇물을 정화하기 위해 낚시꾼들과 싸우고 농민들에게 농약 치지 말라고 일일이 설득하러 다니는 과정 하나하나 마음고생이 너무 심하셨더라고요. 결국 2~3년 동안 마을 주민들을 설득해서 오리 농법으로 쌀을 생산하는 데 성공하셨지요. 대통령까지 하신 분도 시골을 살리기 위해 이렇게 고생하셨는데, 저는 산림청장 하고 와서 주민들에게 너무 많은 사랑을 받기만 하고 있구나라는 생각이 들더라고요. 그래서 나도 무엇인가 이 마을과 지역사회에 작은 힘이 되어야 하지 않을까 하는 생각에 모임을 만들고, 산림 아카데미도 만들어 귀촌 과정을 안내해 주고 요긴한 이야기를 들려주고 있습니다.

누구나 한 번쯤은 자연인을 꿈꾸지만, 과연 누구나 할 수 있을까요? 저는 자연에서 누리는 행복이 너무 커요. 하지만 모두에게 다 좋은 건 아닐 겁니다. 분명 어려움도 있어요. 예를 들어 파리, 모기는 물론이고 도시에서 본 적 없는 곤충과 벌레들이 사시사철 함께하고 뱀도 있지요. 매일 보는 건 아니지만, 아침에 일어나서 오늘 뱀을 안 보면 참 좋겠다 기도할 정도거든요. 그리고 하루는 고라니가 일궈놓은 텃밭을 망쳐놓은 적도 있었죠. 그러니 벌레나 곤충, 야생동물에 공포심을 가진 분이나 알레르기 질환이 있는 분은 일상생활 자체가 너무 힘든 거죠. 그리고 사람들과 어울려 사는 것이 불편한 분도 있어요. 이런 분들은 적응하기 어려울 겁니다. 또 하나 중요한 게 있어요. 나뿐 아니라 함께 지내는 가족들의 자발적 동의가 필요하다는 거예요. 배우자가 끝끝내 반대하는데도 우격다짐해서 내려왔다가 결국 실패하는 경우를 종종 봤어요. 저 푸른 초원 위에 그림 같은 집을 지어도 사랑하는 님이 없으면 그게 무슨 재미가 있겠어요. 마지막으로 도시 생활에 익숙해진 사람이라면 아무런 준비 없이 와선 적응하기 힘들 수밖에 없어요. 자연의 이치를 배워야 하고 준비해야 하거든요. 텃밭을 가꾸지 않더라도 내 집 앞에 우거지는 넝쿨 정도는 낫으로 쳐낼 줄 알아야 시골생활이 가능하겠지요.

요즘 자연과 함께하는 삶의 방식이 점차 다양해지고 확장되고 있는 것 같아요. 자연에서 사는 방식은 크게 두 가지 형태로 나눌 수 있습니다. 농사를 짓고 그 소득으로 살아가는 방법이 있고, 생활 터전만 자연에 두고 자연을 즐기고 누리며 사는 방식이 있죠. 사실 자연에 살면 도시만큼 생활비가 많이 들지 않아요. 그래서 소득이 적어도 충분히 먹고살 수 있죠. 그래서 요즘에는 자연에서도 다양한 삶의 방식이 존재하는 것 같아요. 교직을 끝내고 오신 분들이 전공을 살려 화실을 꾸리기도 하고, 마음껏 색소폰을 연주하며 동호회를 이끄는 분도 있죠. 그리고 카페를 운영하시는 분도 많아요. 그런데 그 기능이 도시와는 조금 달라요. 사랑방 역할을 하죠. 또 좋아하는 책들을 모아두었다가 작은 책방을 열기도 하고요. 아마도 자연과 어우러지는 삶의 모습은 시간이 갈수록 점점 다양해질 거예요.

도시를 떠나 자연의 속도로 천천히 살아도 괜찮을까요? 치열한 경쟁을 하며 도시에 살다가 그걸 다 내려놓고 자연에 살다 보면 도시에서와는 결이 다른 또 다른 성취감과 보람을 느끼게 돼요. 시골에서는 돈에 치이고 시간에 쫓겨 하지 못했던 취미나 진짜 하고 싶었던 것들을 해보는 환경을 충분히 만들 수 있어요. 그게 자연에서 누리는 행복이죠. 다른 사람의 속도에 맞춰 전전긍긍하며 살 필요 없이 온전히 자신에게 집중하며 나만의 속도로 살아가면 되는 거죠.

자연인을 꿈꾸지만 무엇부터 시작해야 할지 모르고 망설이는 분들에게 조언을 해준다면요. 자연에 살겠다 마음먹었다면 어디가 좋을지 탐색하는 시간을 가지는 것이 우선입니다. 살고 싶은 지역을 정했다면 바로 땅을 구입해도 되지만, 지역을 알아가는 연습을 하고 싶다면 마을 이장이나 면사무소, 마을 주민을 찾아가 1~2년 정도 텃밭을 일궈볼 만한 땅이 있는지 문의해 보세요. 아마 충분히 빌릴 수 있을 거예요. 한 달살이로 시작해도 좋고, 1~2년 정도 지낼 만한 집을 구하는 것도 어렵지 않죠. 처음부터 너무 많은 것을 갖춰놓고 시작할 필요는 없으니 하나씩 일궈보세요. 도시보다는 훨씬 관대하고 정직한 자연의 시간에 속도와 방향을 맡기고 서두르지 않고 성실하게 말이죠. **J**

자연, 나에게 말을 걸다―

캘리그라피 손두형(전성기 활동가)
퇴직 후 화가의 꿈을 이루기 위해 붓을 잡아 현재 서양화가이자 캘리그라피 작가로 활동중이다.
'감성을 담은 손글씨'를 주제로 라이나전성기재단에서 전성기활동가로 재능을 나누고 있다.

PART 1
내가 도시를 떠난 이유

다 살아지게 된다,
어디서든

여성학자 오한숙희

대중적으로 알려진 여성학자이자 방송 진행자, 베스트셀러 작가였던 오한숙희. 그녀는 50대에 악화된 건강과 삶의 무게로 방황하다가 과감하게 삶의 공간을 옮긴 이후 비로소 한 곳에 정착하게 되었다. 치열하고 에너지 가득한 도시가 제법 잘 어울렸던 중년의 여성학자가 도시를 떠나 새로운 곳에서 지천명을 깨닫게 되기까지 어떤 사연이 있을까?

똑 부러지는 말투와 유머러스한 화법으로 유명하셨습니다. 라디오와 TV, 베스트셀러 등으로 유명해진 게 불과 30대 중반이었지요. 제가 열일곱 살 때 아버지가 돌아가셨는데, 살아 계시는 동안에 일찍이 중요한 것들은 다 가르쳐주셨어요. 어려서 꼼꼼하고 물건 챙기고 내 것에 집착하는 편이었는데, 중학교 3학년 때 어느 날 학교에서 돌아와보니 제가 모아놓은 물건을 아버지가 다 버리셨더군요. "이런 쓸데없는 것들에 집착하지 말아라" "여자는 살림하는 습성을 버려야 한다" "죽으면 다 소용없는 것인데 왜 그것들을 옆에 끼고 집에 처박혀 있니" "네 호기심이 이끄는 대로 나비처럼 세상을 날아다녀라"라고 하셨지요. 일찍 유명해진 게 제 운명이라고 생각해요. 제가 노력한 것은 하나도 없었으니까. 저만큼, 아니 저보다 더 말 잘하는 사람은 많아요. 그런데 운명적으로 주어진 것 같아요. 그래서 그 명성 같은 것을 한 번도 제 것이라고 생각한 적이 없어요. 제 역할이었을 뿐이지요.

그렇게 활발한 활동을 통해 여성학이라는 학문을 대중의 눈높이에 맞춰 친근하게 알리는 데 큰 역할을 했는데, 왜 갑자기 제주로 떠나셨나요? 가장 큰 이유는 자폐 스펙트럼 장애를 가진 작은딸아이가 고교를 졸업하고 성인이 되면서 삶의 전환이 절대적으로 필요했다는 거지요. 저도 너무 바빴던 삶과 도시 생활에 지쳤고요. 마침 제주에 올레길이 생겼고, 그 길을 만든 서명숙 이사장이 절친한 선배라서 기댈 곳이 되어주었기에 가족들과 자연 속에서 힐링하는 삶을 살기로 마음먹었지요. 죽을 때까지 살 거라고 믿고 직접 설계해서 지은 집을 놔두고 쉰 여섯의 나이에 방랑길을 떠난 거죠.

누구나 한 번쯤 새로운 곳에서 살아보는 것을 꿈꾸지만 사실 쉬운 일은 아닌데요. 이러한 결정을 한 데에는 50대라는 당시의 나이도 작용을 했나요? 친구들도 어쩌면 그렇게나 쉽게 삶의 거점을 옮길 수 있었냐고 물어요. 하지만 전 오히려 나이가 들어서 쉽게 옮길 수 있었던 게 아닌가 생각해요. '산전수전 공중전까지 다 겪었는데 뭘 못 해보겠어' 하는 배짱이 있었던 거죠. 나이가 주는 뱃심이랄까요? 그런데 실제로 물리적 공간이 바뀌니 삶의 관점도 백팔십도 바뀌더군요. 지금까지와는 전혀 다른 관점에서 사물도, 사람도, 제 인생도 돌아보게 됐어요. 제가 아직 서울에 살았다면 여전히 지하철역에서 뛰면서 3분 후에 또 올 지하철을 1분이라도 먼저 타려고, 앞사람을 제치고 있었을 겁니다. 저도 남에게는 짐이 되는 존재일 텐데 다른 사람을 짐처럼 여기면서 '왜 이렇게 사람이 많은 거야!'라고 불평했겠지요.

그래도 새로운 곳에서의 생활에 대한 걱정이 없지 않았을 텐데요. 저는 프리랜서예요. 전국을 다니며 방송도 하고 강연도 했지요. 낯선 장소에 대한 두려움 같은 것은 없어요. 전형적인 A형이지만 후천적으로 O형이 됐다고 할까요. 새로운 장소나 공간에 갈 때의 즐거움과 장점을 일찍부터 알았지요. 사람들은 마음이 움직여도 몸이 안 따르는 경우가 많은데 일종의 관성 같은 거라고 생각해요. 그런데 한 번만 몸이 가보면 움직이는 게 그렇게 힘이 들고 엄청난 일이 아니라는 것을 금방 알게 되지요.

연세(年貰)로 집을 얻은 것으로 압니다. 집을 소유하지 않는 이유가 있나요? 사람들은 계속 제주에 살 거면 집을 사는 게 좋지 않느냐, 집값도 오르는데 불안하지 않느냐고 하지만 제가 제주에 사는 이유는 아름다운 풍경을 누리기 위해서예요. 제 소신 중 하나가 '누리되 소유하지 않는다'입니다. 집을 사는 순간 그 집에서만 살아야 될 것 같잖아요. 하지만 전 집이 없기 때문에 오히려 자유롭게 여기저기에서 살아볼 수 있는 것이지요. 누군가 그러더군요. Nowhere(아무 데도 없다)는 곧, Now here(지금 여기)라고.

이사하는 게 번거롭거나 염려되지는 않나요? 사람들이 다음엔 어떻게 할 거냐고 걱정하면, 전 오히려 1년 반 후에 어떤 집이 날 기다리고 있을지 설레고 기대된다고 말해요. '다음에는 이런 집이었으면 좋겠어'라고 상상하면서 남은 시간을 걱정하는 게 아니라 기대와 희망을 품고 지내지요. 어떻게 생각할 것인가는 전적으로 자신의 선택에 달려 있는 게 아닐까요? 인생이란 계단을 하나하나 오르는 것과 같아요. 계단을 하나 온전히 딛고 올라서면 그 높이만큼 보이는 게 달라지지요. 계단마다 충실히 올라서기만 하면 그다음 보이는 모습은 이미 준비된 것이 저절로 나타나는 것이기에 미리 계획하는 것은 별 의미가 없다는 것을 깨달았어요. 2년 전부터는 언니가 제주에 집을 마련해서 현재까지 언니 집에 들어와 함께 살고 있습니다.

제주에서 보내는 하루 일과는 어떤가요? 아이가 아침 8시 40분에 주간활동센터에 가서 4시 40분에 와요. 정확히 8시간이 주어지지요. 그동안 집안일을 하거나 날씨가 좋을 때는 자연으로 나갑니다. 한라산이나 올레길을 걸어요. 약속은 거의 하지 않는 편이에요. 육지에 살 때도 저녁에 사람을 만나거나 모임을 갖지 않았어요. 굉장히 비사회적으로 보일 만큼. 의외라는 얘기를 많이 들어요. 사람을 정말 좋아하고 사람에 대한 관심이 많지만 저녁 시간에는 집에서 해야할 일이 적지 않거든요. 우선 저녁밥을 해서 먹고 딸아이와 설거지하고 청소하고, 같이 목욕하고 일기 쓰는 것 도와주고 하다 보면 어느새 10시가 돼요. 책도 읽고 글도 쓰고 TV도 보고, 그림일기 형태로 하루를 기록하기도 하고요. 그럼 금방 12시가 넘어요.

요즘은 무슨 생각을 하나요? 이곳에서는 나를 위한 시간을 많이 가지고 나를 돌보는 노력을 좀 더 많이 하려고 했어요. 그래서 〈사는 게 참 좋다〉(나무를 심는 사람들)라는 책을 내면서도 '힐링 방랑기'라는 부제를 달았어요. 이제 어느 정도 힐링이 되고 나니 '아 내가 이걸 해야 하는구나' 하는 어떤 깨달음이 왔거든요. 50세를 일컫는 지천명이란 말도 생각해 보면 '하늘에서 이게 네가 해야 할 일이다'라고 명령을 내려주는 것이 아니라 자기 안에서 뭔가 해야 할 일, 하고 싶은 일이 생겨난다는 뜻이 아닐까 싶어요. 그리고 그 일이란 것이 작은 의미의 '나'가 아니라 더 큰 '나', 즉 '우리'를 위한 일이라고 생각해요. 내가 사람들에게, 특히 자기 인생이 자기 혼자 어쩔 수 없는 어떤 덫에 걸렸다고 느껴 힘들어하는 사람들에게 무엇을 선물할 수 있을까, 내가 도와야 할 의무가 있다는 생각이 계속 들어요. 그런 생각으로 2018년에 '사단법인 누구나'라는 단체를 창립했어요. '누구나 예술로 소통한다'라는 주제로 사회문화적 약자인 발달장애인, 시니어, 결혼 이주 여성들에게 예술 활동을 지원하고 있습니다.

50대가 넘으면 대부분 은퇴하는 것이 현실입니다. 일을 놓으면서 삶의 의미를 잃는 사람이 많더라고요. 직업과 인생은 엄연히 다른 것인데 많은 경우 직업과 인생을 동일시하게 되어 불안해 하는 거 같아요. 돈을 못 벌게 되면 내 인생은 어떻게 되나 하고 염려하는 것은 너무 자본주의에 매몰된 생각 같고요. 직업은 백번 천번 바뀔 수 있고 직장을 그만둬도, 돈 버는 일을 안 해도 인생은 계속되거든요. 저도 프리랜서로 비교적 보수가 높은 노동자이긴 하지만 사실 일용 노동자이고, 여름과 겨울에는 일이 없는 계절 고용자 또는 계절 실업자예요. 퇴직 시기가 정해져 있지 않지만 정년이 보장된 것도 아니고 퇴직금도 없어요. 저는 50이 넘으면 자기가 할 일은 자기가 만들어야 한다고 생각해요. 제주로 이주하면서 기존에 하던 일을 전혀 못 할 수도 있을 거라고 생각했어요. 뭘 해야 먹고살 수 있을까 생각하다가 시장 안에 자리 하나 얻어서 몇 가지 여성 필수품 같은 걸 팔면서 여성들의 인생 상담을 해주고 상담료를 받을까라는 생각도 했어요. 저에게 일은 생계비를 버는 동시에 보람이나 존재의미를 확인하는 기회예요. 사람들과 연대할 기회이기도 하고요. 일을 만들어서 해야 한다고 생각합니다.

불안해하지 않는 것이 해법이 될 수 있나요? '산 입에 거미줄 치랴'가 인생 모토예요(웃음). 절대 굶지 않아요. '하늘이 무너져도 솟아날 구멍이 있다' 역시 모토인데, 늘 실감합니다. 지금도 이곳의 1차 산업은 일손이 달려요. 낮에 일하고 저녁에 바닷가에 가서 맥주 한잔 마시고 살면 족하지 않을까요. 그런데 많은 사람이 TV 드라마에 나오는 삶 정도는 살아야 한다고 생각하지요. 저는 가난한 집 딸로 자랐지만 산 입에 거미줄 안 쳤고, 솟아날 구멍 있다는 것을 경험적으로 알아요. 그래서 크게 두렵지 않아요.

50이 됐는데도 여전히 자신이 지혜롭지 못하다고 느끼는 사람도 있습니다. 지혜롭다는 의미가 사람마다 다를 수 있지만, 이 나이가 되면 실수도 안 하고 후회도 없이 살 수 있어야 하지 않나 싶은 거라면 그것도 일종의 완벽주의 같아요. 그런 게 아니라면 점점 더 지혜로워질 거예요. 이미 전보다 지혜로워졌다고 봐요. 세월 앞에 장사 없다고 마흔이 넘으면 미모가 평준화되고, 쉰이 넘으면 기억력 떨어져서 학력이 평준화된다는 말이 있잖아요. 인생이 다 비슷하다는 걸 깨달았다면 이미 지혜로운 거죠. 나이 50을 지천명이라고 하는 것은 통계학적으로 50이 되면 대부분 그 정도의 지혜로움을 가지기 때문이라고 봐요.

요즘 불행하다고 느낀 적은 없나요? 제주에 온 뒤로는 없어요. 물론 의기소침해지는 때는 있지요. 몸이 아플 때나 이달에 카드를 많이 썼는데 대금 결제는 할 수 있으려나 걱정될 때 불행감 같은 게 살짝 들긴 하죠. 그럴 때면 돈을 좀 꾸지 뭐, 이렇게 생각해요. 그 나이에 뭐 했냐고 하면, 그런 소리 듣죠 뭐. 사실이잖아요. 자신을 멋지게 보이기 위해 포장하려고 하지 않아야 불행하다는 생각을 안 하게 되는 것 같아요. 가끔 '방송 나오는 분이 이렇게 민낯에 허름한 옷 입고 다녀도 되냐'는 얘기를 듣는데, 방송에 나오는 사람도 평소 '방송용'으로 꾸미고 다니지 않거든요. 게다가 저는 방송에 나오는 사람이 아니라 '나갔던' 사람이고요. '요즘 왜 이렇게 방송에 안 나오세요'라고 하시는데, 그건 26년 전 제 나이 서른다섯 살 때나 들을 이야기예요. 그런 말들을 염두에 두지 않고 늘 현재의 저를 의식하며 사니까 불행하다는 생각을 안 할 수 있어요.

어머니께서 제주로 이주해서 1년 남짓 살다가 돌아가셨다고요. 이를 계기로 삶에 어떤 변화가 왔나요? 새벽 3시에 밤참을 드시고 저와 함께 침대에 누워서 영화 <쿵푸팬더3>를 보다가 조용히 돌아가셨어요. 어머니가 가시고 일주일 정도는 섭섭했지만 사십구재를 지내고 난 뒤에는 우리 어머니는 행복하게 삶을 마무리하셨고, 그런 분이 내 어머니였다는 것에 감사했어요. '다음이 내 차례구나' '나도 잘 죽어야 하는데' 그런 생각을 해요. 전 아홉 살 때부터 죽음에 관심이 많았어요. 죽음에 대한 생각은 삶에 대한 집착으로 옮겨갔는데 명상을 시작하면서, 죽음이 삶의 연장이라는 개념을 갖게 됐어요. 어머니가 돌아가신 후 죽음에 대한 공포나 두려움에서 벗어나게 되어 기쁩니다.

삶의 속도와 방향에 대한 고민이 깊어지는 중년들에게 조언을 해주신다면요. 제주도 사람들이 많이 하는 말이 있어요. "살면 살아진다"거든요. "너무 큰 걱정과 고민으로 스스로를 힘들게 하지 말아라, 다 살아지게 된다"고 하세요. 사람들은 자신의 문제를 스스로 다 해결해야 한다고 생각하는데, 그렇지 않아요. 제가 '목욕탕 원리'라고 부르는 게 있어요. 어차피 자기 등은 스스로 못 밀잖아요. 그러니 혼자 끙끙대지 말고 주변에서 멘토를 찾으세요. 운이 좋게도 저에겐 늘 멘토가 많았는데, 제주에 오니 주변의 할머니, 할아버지들이 저에게 멘토가 되어주시네요. '다 살아진다'는 이 한 마디로요. **J**

물리적 공간이 바뀌니 삶의 관점도 백팔십도 바뀌더군요.
사물도, 사람도, 제 인생도 새롭게 돌아보게 됐어요.

'평창 김반장'으로
내 역할 찾으며 산다

―――――

배우 김청

KBS <박원숙의 같이 삽시다>에 출연 중인 배우 김청은 강원도 평창에서 반려견 사랑이와 산다. 사랑이는 김청이 4년 전 평창에 왔을 때 만난 유기견으로 그녀와 일상을 함께하는 가족이나 다름없다. 일산과 평창을 오가며 비로소 인생을 즐기고 있는 김청의 귀촌 생활을 들여다봤다.

이 마을엔 봄이 늦게 오나 봅니다. 아직도 눈이 쌓여 있네요. 해발 807m예요. 백두대간 등산로, 국민의 숲과 어우러져 있죠. '느린마을'이라는 마을 이름 그대로 시간이 멈춰선 듯 조용하고 고즈넉해요.

집에 '청 스위트홈 갤러리'라는 이름을 붙였네요. 어떤 의미인가요? 장식품을 수집하는 취미가 있어요. 그간 모아온 걸 가져와 이 집을 저만의 갤러리로 꾸미며 정을 붙였죠. 개인적으로도 사물에 이름 붙이는 걸 좋아해요. 집 앞마당에 소나무가 세 그루 있는데 해님이, 달님이, 이슬이라고 불러요. 해님이와 달님이는 나뭇가지가 맞닿아 자라는 연리지라 부부이고, 옆에 있는 이슬이는 그들의 자식이라고 의미를 부여했지요. 혼자 살지만 이렇게 주변에 이름과 의미를 더하면 제게 소중한 벗, 좋은 대화 상대가 될 수 있잖아요. 이를테면 아침에 일어나서 "잘 잤니?" "오늘 기분은 어떠니?" 하고 곁에 있는 사람에게 말하듯 이야기하며 교감하죠.

혼자 있어 외롭지 않냐고 많이 묻는데, 이렇게 대화하니 외로움을 느낄 새가 없어요. 시골 생활의 즐거움 중 하나예요.

일산 집에서도 텃밭을 일구며 도시농부처럼 사는데, 굳이 평창까지 오게 된 계기가 있나요? 제 고향은 밀양인데, 시골이었죠. 오래 살지는 않았지만 어린 시절을 보내서인지 예전부터 시골의 정서를 좋아했어요. 물론 일산 집에서도 텃밭 일구고 나무도 가꾸며 나름대로 시골에서 사는 것처럼 살고 있죠. 그런데 우연히 이 마을에 왔다가 자작나무, 호수, 하늘, 별 등 자연의 선물 같은 풍경에 마음을 빼앗겨 터를 잡게 됐죠. 평창에 지인이 많이 살아서 낯설지 않았고요.

절반의 귀촌인데, 평창에는 얼마나 머무르시나요? 일이 없을 땐 주로 평창에서 지내지만, 따로 기간을 정해놓지는 않아요. 3~4일 있기도 하고 한 달 머물기도 하죠. 성격이 즉흥적이고 자유분방한 편이라 계획하기보다는 마음 가는 대로 살고 있어요. 사실 계획을 세워도 저는 작심삼일도 아니고 작심하루예요(웃음). 대신 그 하루에 최선을 다해요. 내일 지구가 멸망할 것처럼 생각하며 하루를 보내죠. 그 정도면 만족스러운 삶이 아닐까요.

시골에서의 일상이 단조롭지는 않나요? 차 마실 때나 앉아 있지 들로 산으로 다니느라 무척 바빠요. 곰취, 민들레 등 사방에 식재료가 널렸으니 바구니 들고 나가 나물을 뜯기도 하고, 주변에서 일손이 필요하다고 하면 가서 일도 돕고 품삯으로 밥도 얻어먹어요. 또 저희 집이 마을 사랑방이에요. 주변 분들이 제 집처럼 수시로 들락거려요. 차도 마시고 술도 마시며 허물없이 지내니 심심할 틈이 없죠.

귀농이나 귀촌을 해도 마을 주민들과의 관계 때문에 어려움을 겪는 분이 많은데, 마을에 이렇게 잘 녹아든 비결이 궁금해요. 지인들이 이곳에 산다는 것도 도움이 됐지만, 저 스스로도 지역에 자연스럽게 스며들었죠. 이곳에 도움 되는 일을 하고 싶어 김장 축제 홍보대사로 4년째 자원봉사를 하고 있어요. 또 문화 행사를 기획해 주민들과 함께하죠. 평창의 밤하늘을 수놓는 별 보기 행사도 개최하고, 뜻있는 지역 주민들과 함께 매년 다문화 가정 아이들을 초대해 호텔 투어 등 재능 기부 행사도 하고요. 또 종종 공연도 기획합니다. 2년 전엔 '삶'이라는 주제로 해금 연주자 강은일 교수, 강원도 무형문화재 제19호 최종근 선생님, 밸런싱 아티스트 변남석 선생님 등 각계의 저명한 예술인들과 함께 공연을 펼쳤어요. 한국무용을 전공한 저는 살풀이춤을 추었고요. 지역의 좋은 사람들과도 꾸준히 모임을 가지고 있어요. 저에겐 평창이 제2의 고향이죠.

평창은 힐링하는 공간을 넘어 김청이 써 내려가는 또 다른 삶의 공간이군요. 살다 보니 내가 사는 곳에 대한 책임감과 의무감이 생기더라고요. 그래서 민원도 넣는답니다(웃음). 산이 깊어 도로에 멧돼지, 고라니 같은 동물이 튀어나올 때가 많아요. 그래서 경찰서에 운전자들이 조심하도록, 동물들이 다치지 않도록 동물 보호 표지판을 달자고 제안해서 도로에 설치되었어요. 또 올림픽까지 치른 대표적 관광지인데도 가로등이 부족해서 밤에 운전할 때 위험한 도로가 있는데 군에 민원을 꾸준히 넣어서 최근에 해결했어요.

그 정도면 '평창의 김 반장' 아닌가요? 제가 사는 곳이잖아요. 또 나만 좋자고 하는 게 아니라 지역과 주민들에게 도움이 될 만한 의견을 제시하는 거죠. 그러다 보니 이제 다른 분들도 저를 평창 주민으로 자연스레 받아들이시는 것 같아요. 이곳에 4년 살았는데 40년은 산 것 같다고요(웃음).

노후에 대한 걱정으로 조급함이 생기지는 않나요? 혼자다 보니 나를 챙겨줄 사람이 없다는 생각에 막연한 걱정도 합니다. 하지만 삶에 대한 집착과 물욕은 없어요. 40대 후반부터 버리는 연습을 해왔거든요. '나는 배우인데' '나는 김청인데' '나는 왕년에 이랬던 사람인데'라는 생각은 남에게 비치는 내 모습에 빠져 있는 거잖아요. 어느 순간 '배우는 내 직업일 뿐이야. 이전까지 배우 김청으로 살았다면 이제는 온전히 인간 김청으로 살자'고 결심했죠. 그렇게 현재의 나를 받아들이니 편해지고 만족하게 되더라고요. 삶이란 남이 뭐라 하든 내가 만족스러워야 하잖아요. 결국 내 마음을 다스리는 것이 중요한 것 같아요. 삶에서 가장 중요한 건 자신을 사랑하는 일이더라고요. 자신을 아끼고, 품어주고, 존경할 줄 알아야 삶도 편안해지는 것 같아요.

도시가 아닌 자연 속에 있으면 자신에게도 조금 더 관대해지는 것 같습니다. 저도 도시에서 치열하게 일할 때는 스스로에게 엄격해질 수밖에 없지만, 이곳에 와서는 나를 칭찬하고 격려하고 공주처럼 대하죠. 예를 들면, 남들이 볼 땐 혼잣말하는 것 같겠지만 소리 내서 저와 대화를 해요. 평소 음식은 잘하지만 밥을 잘 못 짓는데, 어느 날 밥이 너무 잘됐을 땐 "청아, 무슨 일이야. 너무 기특해. 잘했어" 하는 식으로요. 그리고 온전히 저를 위한 시간도 가져요. 평창에서 지낼 땐 밤마다 옥상에 올라가 사랑이와 함께 별을 봅니다. 소소하지만 행복을 누리는 시간이에요. 절로 삶의 템포가 조금 늦춰지죠. 잠깐의 멈춤은 나쁜 기억에서 빨리 벗어나게 하고, 사람을 외모보다 내면을 보고 판단하게 해서 좋은 사람을 만나게 해주더라고요. 제 삶을 좋은 것들로 채우니 이것 또한 나를 사랑하는 일이죠. 다들 자신이 좋아하는 것, 잘하는 것으로 스스로에게 사랑 표현을 하면 되지 않을까요?

현재의 삶에 무척 만족하시는 것 같습니다. 예전에 어머니가 제게 "너는 무인도 가서 혼자 살아야 한다"라고 말씀하시곤 했죠. 그런데 이런저런 일 겪으며 여기까지 오면서 느낀 건 사람 사이에 있어야 치유가 된다는 거예요. 물론 어떤 사람 사이에 있느냐가 중요한데, 서로에게 좋은 사람끼리 함께하는 것이지요. 이곳에서 정을 나누며 사는 사람들이 저에겐 그런 의미로 다가와요. 게다가 자연만큼 몸과 마음에 좋은 보약은 없잖아요. 좋은 사람들과 부대끼며 흙 묻으면 흙 묻은 대로 마음 편히 살아가니 즐겁고 행복해요. Ⓙ

내 삶을 좋은 것들로 채우니 이것 또한 나를 사랑하는 일이죠.
다들 자신이 좋아하는 것, 잘하는 것으로
스스로에게 사랑 표현을 하면 되지 않을까요?

흙을 만진 후
다시 배운 삶의 공평함

전 국회의원 여상규

여상규 전 의원은 국회의원으로 일하는 내내 통증에 시달렸다. 교통사고 후유증이었다. 제20대 총선을 치르고 난 직후인 2016년 5월 교통사고가 크게 났다. 처음에는 통증을 잊기 위해 치료 목적으로 과일나무를 관리했고, 효과를 톡톡히 본 이후 마음먹었다. 국회의원을 그만두면 도시농부로 살겠다고.

국회의원 시절에 제법 큰 교통사고가 있었다고요. 사천 시민의 날 행사가 있어서 내려가던 중에 교통사고가 크게 났어요. 두개골 골절, 전두엽 자상, 뇌출혈… 무엇보다 경추부 척추 1·2·3번 분쇄 골절이 가장 큰 부상이었죠. 의사가 생명을 구하기 어렵다고 말할 정도로 심각했습니다. 다행히 수술에 성공해서 살아났지만, 불편함 이상의 참을 수 없는 통증이 문제였지요. 복합적인 통증을 계속 호소하니 의사가 일상에 복귀하는 게 좋겠다고 했어요. 또 공기 좋은 데 가서 산책도 하라고 권했죠. 신경을 다른 데 쓰면 통증이 덜 느껴질 거라는 뜻이었습니다.

일상으로 복귀했지만 당시 국회 법사위원장을 맡아 20대 국회에서 활발하게 활동하면서 일상을 누릴 여유가 별로 없었을 것 같아요. 그래서 산책을 꾸준히 했습니다. 바빠서 공기 좋은 곳을 찾아 멀리 가지는 못하지만 산책하는 시간만큼은 꼭 가지자고 마음먹었죠. 산책을 하다 보니 어린 시절의 추억이 떠올랐어요. 어릴 때

어머니와 농사를 지었거든요. '지금쯤 벼가 자라고 있겠구나' '채소가 크고 있겠구나' 옛날 생각을 하며 풍경을 바라보곤 했는데, 특히 과일나무에 꽃이 핀 걸 보니 '나도 심어봐야겠다'는 생각이 들었어요. 마침 20년 전 취득한 땅이 있었어요. 산속에 있는 묵정밭이었죠. 그곳에 묘목을 심기 시작했습니다. 조금씩 심다 보니 힘들기보다는 재미있었죠. 양재동에 사는데 집 근처에 화요공판장 등 묘목을 파는 데가 많아요. 그곳에서 배, 복숭아, 살구, 자두 묘목을 여남은 개씩 사가지고 가서 심었어요. 지금은 100여 주가 심어져 있죠. 봄에 가면 과일나무 꽃이 아주 예쁩니다.

조금씩 한다고 해도 농사가 보통 일이 아닌 데다 교통사고 후유증까지 있는데 건강은 괜찮았나요? 오히려 좋아졌습니다. 신경을 다른 데 쓰라는 의사의 말이 효과가 있었습니다. 농사일에 집중하다 보면 어느새 통증을 잊어버려요. 가만히 앉아서 회의를 진행하고 책을 볼 때보다는 몸을 더 움직이니까 확실히 통증이 덜하더라고요. 그래서 국회의원을 그만두면 농장도 가꾸고 과일나무도 더 키워야겠다고 생각했죠. 어릴 때 어머니와 함께 농사짓던 추억도 있으니까요.

그렇게 농부로서 인생 2막이 시작되었군요. 사고로 인한 통증을 완화하기 위해 시작한 만큼 과수 농사를 크게 지어서 돈벌이를 해보자는 생각은 없었어요. 앞으로도 그렇게까지는 안 할 것 같고요. 그래도 키우는 재미는 있을 것 같아 기대가 많이 됩니다.

과일은 잘 달립니까? 아직은 저희가 먹을 만큼도 수확한 적이 없어요. 사과나무 30여 그루, 복숭아나무 30여 그루, 배나무 20~30그루를 심었는데, 심은 지 얼마 안 돼서 다 열매를 맺진 않고 몇 개씩 열리는 정도예요. 이다음에 많이 열리면 당연히 나눠 먹어야죠. 친구들에게도 와서 따가라고 할 거예요. 시골 동네 사람들이 와서 따 먹어도 좋고요.

지금의 생활에 대한 만족도가 아주 높아 보입니다. 지금은 금·토·일요일에 주로

가 있는데, 앞으로는 거기 가 있는 시간이 길어질 것 같아요. 그곳에선 복잡한 도시 생각을 하지 않아서 좋습니다. 정치가 어떻다, 경제가 어떻다 아예 잊어버리죠. 과일나무나 꽃을 보고 있으면 거기에 몰두하게 되니까요. 서울 집에 있을 때 많이 아프면 내일은 양평에 가야겠다고 생각하죠.

국회의원으로 살 때는 미처 몰랐던 새로운 깨달음이 있나요? 무엇보다 흙과 나무를 바라보고 있으면 내가 그동안 삶에 대해 너무 몰랐다는 생각을 하게 돼요. 흙은 정직하잖아요? 뿌린 만큼 가꾼 만큼, 거둘 수 있죠. 과수가 됐든 일반 벼가 됐든 채소가 됐든 농사는 사람 마음을 굉장히 평정하게 만들어요. 욕심 부린다고 되는 게 아니죠. 사회, 특히 정치 사회에서는 얼마나 과욕을 부립니까. 우연한 기회에 제가 도시농부가 된 건 어쩌면 이제부터라도 욕심 부리지 말고 삶의 균형을 맞춰가며 살라는 선물이 아닐까 싶습니다. Ⓙ

―――――
제가 도시농부가 된 건 어쩌면 이제부터 욕심부리지 말고
삶의 균형을 맞춰가며 살라는 선물이 아닐까요.

느리고 또 자유롭게,
생태적으로 살기

영남대학교 명예교수 박홍규

노동법의 권위자인 박홍규 교수는 〈니체는 틀렸다〉〈조지 오웰: 수정의 야인〉〈내 친구 톨스토이〉 등 무려 150여 권의 책을 집필하며 인문학계에서 활발한 활동을 해왔다. 그리고 20여년 전 생태적 삶을 위해 경북 경산으로 귀촌했다. 속도를 늦추면 삶이 어떻게 달라질까? 그에게서 답을 구해 보았다.

지난번에 집 전화로 연락드렸더니 지방 출장 중이더군요. 휴대폰이 없어서 돌아올 때까지 연락을 기다려야 한다고 해서 사뭇 놀랐습니다. 삐삐, 휴대폰과 같은 통신기기를 가져본 적이 없어요. 집 전화와 이메일로 외부와 소통합니다. 정 급할 때는 아내가 저를 대신해 문자메시지를 보내줍니다.

휴대폰이 없으면 일상생활이 안 되는 시대인데요. 요즘은 뭘 하나 사더라도 휴대폰으로 인증해야 하고, 공중전화도 사라져 급한 일이 있을 때 연락하기도 불편하지요. 그걸 알지만 사용하지 않는 겁니다. 생태적으로 살기 위한 저만의 실천이지요. 제 눈에 비친 휴대폰은 대한민국 국민 전체가 집에 있는 전화기를 들고 나와 고함을 지르는 것처럼 보입니다. 또 수다 떠는 기능, 소재를 확인해 주는 정도의 기능 외에 다른 특별한 기능을 가지고 있다고 생각하지 않습니다. 굳이 없어도 된다고 판단한 것이지요.

머리와 수염을 기르는 것도 느리게 사는 방식 중 하나인가요? 느리게 사는 삶은 한편으로 관리하지 않은 삶이지요. 물론 그렇게 사는 것이 쉽지 않아요. 저도 수염을 기른다고 아버지와 동료 교수들에게 핀잔을 많이 받았습니다. 그럼에도 놔두는 것은 틀에 갇히고 싶지 않아서입니다. '신체발부수지부모'라는 말을 좋아합니다. 생긴 대로, 태어난 대로 사는 것이 좋은 삶이란 의미잖아요. 유교적으로 해석하지만 저는 굉장히 생태적인 의미를 담고 있다고 생각합니다. 옛 조상들을 보세요. 상투를 틀었지만 상투는 자르는 개념이 아니라 묶는 개념입니다. 수염도 길면 긴 대로, 짧으면 짧은 대로 그냥 둔 겁니다. 이곳에 내려오면서 아내와 함께 우리 힘으로 의식주를 해결하는 것을 목표로 잡았어요. 가장 먼저 한 일이 폐자재로 집을 짓는 것이었지요. 먹고 자는 집까지는 아니더라도 책을 읽고 공부할 수 있는 공간을 직접 짓고 싶었거든요. 어설프게나마 집을 직접 지었습니다.

그럼, 의와 식은 어떻게 해결하나요? 옷은 한 번 사면 원래 오래 입는 편입니다. 오늘 입고 있는 옷도 산 지 20년이 넘었지요. 소매가 해졌지만 개의치 않아요. 그 나름의 멋이 있으니까요. 또 필요하면 리사이클 상점으로 갑니다. 이런 곳에서 2,000원이면 괜찮은 옷을 살 수 있습니다. 먹는 문제는 쌀을 제외하고는 텃밭에서 자급자족하며 해결하고요. 생태적인 삶은 비싼 삶이 아닙니다. 자연이 어떻게 비싸겠습니까? 자연이 인간에게 주는 것은 거의 다 공짜입니다.

1년 식재료를 얻을 정도면 밭농사를 많이 짓나 봅니다. 600평 텃밭에 들깨, 고구마, 호박, 파, 고추, 방울토마토 등 다양한 식재료를 유기농으로 재배하고 있지요. 사실 시골에 내려올 때 땅을 어느 정도 소유할 것인지를 두고 고민했습니다. 그때 우리 국토에서 경작 가능한 땅을 7,000만 인구로 나누니 1인당 300평 정도 돌아가는 것으로 계산되더군요. 그래서 저와 아내 몫을 합해 600평으로 잡은 겁니다. 부족하지 않아요. 두 식구가 먹고 남을 만큼 충분히 수확합니다. 다만 생태 농업을 한다는 것이 쉽지 않더군요. "밭이 왜 이렇게 지저분하냐?" "왜 풀을 안 뽑냐?" 주변에서 말을 많이 합니다. 남의 말에 개의치 않고 꿋꿋하게 밀어붙여야 가능한 일이더라고요.

왜 느리게 살려고 노력하나요? 번잡함이 싫어서가 아니라 평화주의자로 살기 위해서죠. 평화주의자는 삶의 방식이 생태적이고 인간관계는 자유롭고 평등해야 합니다. 시골에 사는 것만으로도 그 삶에 훨씬 가까이 갈 수 있습니다. 자연은 인간을 구속하지 않잖아요. 계급이 있는 것도 아니고요.

이러한 삶을 유지하는 데 가장 큰 장애물은 무엇인가요? 사회적으로는 '빨리빨리' '경쟁' '성장' 이런 용어지만 일상의 도구로 보자면 시계를 꼽을 수 있겠네요. 시계가 발명되기 이전에는 인간의 삶은 슬로 라이프 그 자체였습니다. 시계는 단순히 시각을 재는 기계가 아닙니다. 시계를 차는 순간, 시계를 보는 순간 우리 삶은 시간의 지배를 받게 됩니다. 똑같은 시간을 사는데 시간의 여유가 있다, 없다고 말하잖아요. '한 시간에 해야 할 일을 10분 만에 해내라'는 식의 시간의 압박을 받는 순간 인생은 불행해질 수밖에 없습니다. 개인적으로 "시간이 돈이다"는 참 나쁜 말이라 생각합니다. 제가 시계를 차지 않는 이유지요.

시계가 없으면 일과를 어떻게 계획해서 보내는지 궁금한데요. 제 일상을 소개하면, 새벽 4시 전후에 일어나 6시까지 집필을 합니다. 아침 식사 후 아내와 함께 밭일을 하지요. 일을 마치면 1시간 정도 걸어서 학교 도서관에 갑니다. 주로 책을 읽으며 시간을 보내다 5시쯤 돌아와 저녁을 먹고 8시면 잡니다. 해가 뜨면 일어나고 해가 지면 잔다는 말입니다. 시계를 멀리하면 자연의 변화에 따라 몸이 적응합니다. 시골에서 생활하며 달라진 점이지요.

반복되는 일상이 무료하지 않나요? 책도 써야 하고 또 읽어야 하니 일이 많은데 왜 심심하지요? 그리고 관점을 달리하면 됩니다. 학교까지 걸어 다니면서 제가 개척한 산길이 있어요. 매일 똑같은 길을 걷지만 한 번도 어제 본 길을 오늘 간다고 생각한 적이 없습니다. 어제와 같은 풍경이 아니잖아요. 천천히 가면 보이지 않았던 것들이 보이게 됩니다. 매일 달라지는 자연을 보고 즐기다 보면 지루할 새가 없지요.

이러한 일상이 한편으로는 외부와의 단절된 삶으로 비쳐질 수 있을 것 같습니다. 딱 필요한 만큼 최소한의 관계만 맺고 삽니다. 경조사나 동창회는 안 갑니다. 오로지 한 달에 한 번 경북지방노동위원회에 공익위원으로 참석하고, 가끔 외부 강연 외에는 이곳에서 지내지요. 물론 아무도 만나지 않고 아예 단절하고 살지는 않습니다. 뜻을 함께하는 지인들과 저녁 식사 정도는 자연스럽게 같이 하며 교류하고 있지요.

나이가 들수록 관계 속에 살라고 하는데, 외롭지 않나요? 오히려 사람들을 만나니까 외로움을 느끼는 게 아닐까요? 학연, 지연 때문에 의미 없이 참석하는 자리가 너무 많아요. 주변을 봐도 경조사, 동문회 등 각종 모임에 참석하느라 바쁜 분들이 있는데 꼭 가지 않아도 될 자리까지 가더군요. 그 시간에 저는 아내와 함께 주변을 걷습니다. 사람들은 무리 안에 들어가야 안심이 되고 사는 느낌을 가지는 것 같은데, 혼자서도 얼마든지 잘 살 수 있습니다. 오히려 모임이 삶을 복잡하게 만든다고 생각합니다. 중년 이후 그런 자리만 줄여도 삶이 단순해질 겁니다.

삶의 속도를 조금 늦추고 싶은 사람들에게 조언을 한다면요? 제 방식은 좀 불편한 삶이지요. 그러나 느리게 사는 삶을 실천하려면 먼저 자기 삶을 돌아봐야 합니다. 근본적인 자기 성찰 없이 보여지는 모습만 바꾼다고 해서 느리게 사는 삶일까요? 가끔 제 책을 읽은 분이나 제 기사를 읽은 분들이 찾아옵니다. 꿈에 그리던 전원생활을 해보고 싶은데 어떻게 해야 하냐고 묻지요. 시골에 산다고 해서 모든 문제가 해결되는 건 아니에요. 삶의 방식을 고민하기 전에 그동안 살아온 자기 삶을 깊이 들여다보길 바랍니다. 그리고 자기 성찰을 할 때 꼭 당부하고 싶은 말이 있습니다. 위를 보지 말고 아래를 보길 바랍니다. 의외로 자기 삶을 후회하고 자책하는 중년을 많이 봅니다. 극단적으로 말하면 경쟁 사회에서 승리자는 극소수이고 대다수가 패배자입니다. 혹 내가 경쟁에서 도태됐다, 패배했다는 생각이 들어도 자책할 필요는 없습니다. 경쟁에서의 승리와 패배가 중요한 것이 아니라 내 삶을 떳떳하고 당당하게 가꿔가는 것이 더 중요하지 않을까요? ●

자연과 가까울수록 병은 멀어지고
자연과 멀수록 병은 가까워진다

캘리그라피 최인숙(전성기캠퍼스 강사)
묵통캘리그라피연구소 전시기획팀장이자 캘리그라피 작가. 전성기 캠퍼스 강사로 활동하며
글씨를 통해 사람들과 이야기를 나누는 방법을 전달하고 있다.

PART 2
내가 꿈꾸는 리틀 포레스트

자고 일어나면 바뀌어 있고, 날로 발전하는 도시를 보고 있으면
점점 노화되고 뒤쳐지는 나 자신이 이 곳의 속도를 맞출 수가 없을 것만 같습니다.
도시에서 오래 살았는데도 나이가 들수록 도시가 낯설고,
서글프다는 생각마저 들고요.
자연에서 살면 오롯이 나 자신을 들여다보고,
나 자신이 가치있다는 것을 느낄 수 있을 것 같습니다.

남혜선 님

늙은 사람에게 도시는 할일이 없는 곳입니다.
일을 만들고 싶어도 여건이 허락하지 않지요. 내가 먹을 만큼의 작물을 키우며
전원에서 사는 것이 노년의 진짜 행복과 여유를 찾는 길이 아닐까요?

김병안 님

도시에서와는 달리 꾸미지 않아도 되고 가식적이지 않아도 되는 시골은
몸도 마음도 편하게 해줍니다. 무엇보다 가장 좋은 것은 문 열고 나가면
아스팔트가 아닌 흙을 바로 밟을 수 있다는 것입니다.

소희태양맘 님

시간에 따라 변화하는 자연의 모습을 가까이에서 보다보면
자연스레 나에 대한 관심으로 이어지는 것 같아요.
타인의 시선에서 벗어나 나에게 집중할 수 있는 삶.
자연 속에 있으면 그동안 몰랐던 나를 더 잘 알게 될 것 같습니다.

노랑고구마 님

매일 새벽 나무향기를 맡고,
뜨거운 햇살아래 내 손으로 직접 농작물 가꾸고,
저녁 노을을 멍 때리고 보면서
하루를 마무리하는 그런 삶을 살고 싶어요.

최현숙 님

도시에서는 내가 해내야 하는 많은 일들이 있습니다.
하지만 자연은 그저 나를 사랑하는 것만으로도 성장할 수 있을 것 같습니다.
욕심을 버리고 자연이 채워주는 것에 만족하며 흙냄새 속에서 겸손히 살다보면
몸도 마음도 훨씬 더 건강해지겠지요?

박명숙 님

도시에서는 시간과 공간 사이에 내가 끼여서 사는 느낌이 듭니다.
늘 답답하고 머리가 묵직하고 통제와 간섭이 없는 곳을 찾게 됩니다.
사람들 속에서 불편함을 감수하지 않고, 오직 나를 둘러싼 신선한 공기와 함께
단순하고 편안한 삶, 자연에서는 누릴 수 있지 않을까요.
영식 님

어렸을땐 잘 몰랐었는데 자연의 풍경과 냄새가 주는 힐링이
매우 큰 거 같아요. 높고 답답한 건물들 사이에서 느껴지는 답답함이
코로나로 인해서 더 심해진거 같아요.
시골의 풍경을 보는 것만으로도 상상하는 것만으로도
답답함이 사라질 것 같습니다. 그래서 언젠가는 도시의 무미건조함이 아닌,
흙냄새와 바람냄새를 맡으며 살고 싶어요
지금은 화분에 물줬을때 잠깐 나는 흙냄새에 킁킁거리며
귀농을 꿈꾸고 있습니다.
박정혜 님

서울에서 태어나서 지금까지 복잡하고 사람 많은 도시에서
생존을 위해 치열하게 살아왔습니다.
매일매일 눈코 뜰새없이 바쁘게 투잡, 쓰리잡까지 뛰면서요.
그 와중에 부모님 간병하고 아이들 뒷바라지 하면서 자격증 공부까지 해내느라
쉬지를 못했습니다. 그래서 조용한 전원에서 쉼이 있는 생활을 늘 꿈꾸고 있습니다.
자연 속에서 맑은 공기를 마시며 탁 트인 내 공간에서
푸른 하늘과 초록색 나무를 하루종일 바라보는 생활 말입니다.
텃밭에서 유기농 채소 가꾸며 글도 쓰고, 그림도 그리고, 맛있는 요리도 해먹고,
오직 나만을 위한 휴식같은 삶을 그동안 수고한 저에게 선물하고 싶어요.

김지숙 님

매일 새벽 6시에 일어나 출근길 편의점에 들러 아침을 때우고
퇴근 후에는 배달 어플로 주문한 저녁을 먹고 바로 잠드는 매일 반복되는 일상을 살다보니
떠나고 싶은 마음이 간절합니다.
다른 건 몰라도 먹는 것만큼은 여유있고 정성스럽게, 내가 수확한 작물로
내가 먹을 음식을 직접 만들어 먹는 기쁨.
자연에서 살게 되면 꼭 해보고 싶은 로망입니다.

조광일 님

오랫동안 도시에서 살아남아야 한다는 생존 경쟁으로 인해,
바쁘고 치열하게 살면서 지쳐있고 피폐해진 제 몸과 마음에
노후에는 선물을 주고 싶어요.
그 선물이 바로 자연을 실컷 누리게 해주는 거죠.
그러면 지금보다는 조금 더 여유있고 너그러운 마음이 생길 것 같아요
그동안 보이지 않던 소중한 제 인생과 주변 사람도 살펴보게 되고,
이 큰 우주에서 미미한 자신을 돌아볼 수 있을 것 같아요.
무엇보다 하루하루가 다른 자연의 모습을 가까이에서 보고 싶습니다.

정우미 님

아침에 눈을 뜨자마자 문을 열고 나가 앞마당의 흙을 밟고
텃밭에서 야채를 뜯으며 시간에 쫓기지 않는 하루를 시작하고 싶어요.
그리고 지인들 불러 가마솥에 약초넣어 푹 익힌 닭백숙 한쪽씩 나눠 먹으며
사는 이야기도 나누고, 그렇게 자연과 함께 하는
제 삶에 감사하며 사는 생활을 꿈꾸고 있습니다.

김선희 님

정년퇴임을 앞두고 있는 지금, 그동안 앞만 보고 걸어 왔으니
이제는 나를 위한 삶을 살기 위해 도시를 떠나고 싶습니다.
저는 동물을 좋아하기 때문에 개와 고양이들이 자유롭고 건강하게
뛰어놀 수 있는 곳에서 살고 싶어요. 병아리와 닭도 함께 키우면서 말이죠

정대일 님

자연과 더불어 매일 바뀌는 햇볕과 바람과 하늘을 보며 살고싶습니다.
약간의 텃밭에서 내가 먹을 만큼의 먹거리를 재배하고 예쁜 화단도 만들어서
주위사람들을 즐겁게 해주고 싶고 내가 가진 재능을 공유하며 재미있게 나이들고 싶어요.
자연 속에 있으면 산다는 것에 대한 희열을 안겨 줍니다.
도시에서는 모르고 지나갔던 계절마다 다른 아름다움을 가까이에서 느끼며 살고 싶어요.

장기숙 님

강원도 산골에서 태어나고, 자라왔습니다.
학교따라 직장따라 도시를 떠돌고 있지만 항상 마음에는 고향이 자리하고 있죠.
도시에서는 작은 이윤이 있으면 오랫동안 쌓아온 사람간의 정과 신뢰도
쉽게 깨뜨리는 걸 겪으면서 하루라도 빨리 고향으로 돌아갈 날을 기다립니다.
그저 고향마을의 산과 들을 바라보는 것만으로도 가슴이 트이고 위로가 되거든요.

홍훈표 님

저는 고향 마을 근처에 정착해서 남은 인생을 보내려고 합니다.
그래서 최근에 고향 근처에 작은 농가도 하나 구입했어요.
계획대로 집이 잘 마련되면 저는 엄마 산소에 매일 올라갈 겁니다.
평생 딸 뒷바라지만 하시다 떠나신 엄마에게 그동안 바쁘다는 이유로
마음속에 담아만 두고 미뤘던 수많은 이야기들을
물레질 하는 마음으로 한타래 한타래 뽑듯 엄마에게 이야기하고 싶어요.
엄마에게 마음은 벌써 달려갑니다.

강양숙 님

전 현재 도시를 떠나 얼마전부터 촌집에서 살고있는데
우선 마음이 너무 편안하고 좋아요.
그동안 도시에서 바쁘고 번잡하게 그리고 어지럽게 살다가 이 곳에 오니
고요함과 느림의 미학 그리고 아름다운 자연을 만끽하며 살고 있습니다.

이상조 님

서울에서 태어나 쭉 살고 있어요.
그래서 농촌이나 어촌에서 나고 자란 사람들과 달리 고향에 대한 그리움이 없네요.
하지만 여행지에서 만난 우리나라 곳곳은 너무나 아름답고 정말 금수강산이라는
생각이 들 때가 많아요. 그래서 은퇴 후에는 제주살이, 속초살이, 강변살이 등을 통해
어릴때 경험하지 못했던 전원 생활을 하며, 계절의 변화 속 아름다운 자연의 풍광에
홀딱 빠져 살고 싶다는 꿈이 있습니다.

서은예 님

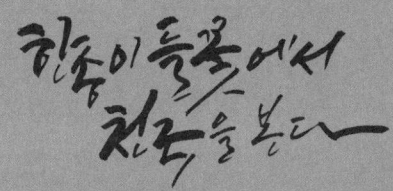

캘리그라피 손두형(전성기 활동가)
퇴직 후 화가의 꿈을 이루기 위해 붓을 잡아 현재 서양화가이자 캘리그라피 작가로 활동중이다.
'감성을 담은 손글씨'를 주제로 라이나전성기재단에서 전성기활동가로 재능을 나누고 있다.

PART 3
내가 자연인이 될 줄이야

잘나가던 광고 회사 대표는
왜 산으로 갔을까

인제 표선농원 김강중

김강중 씨는 26년 동안 광고회사에서 일했다. 빠르게 변하는 세상의 트렌드를 누구보다 먼저 읽어내며 치열한 경쟁 속에 성공 스토리를 써 내려가던 그가 강원도 인제의 깊은 산 속으로 들어간 이유는 무엇일까?

도시를 떠나겠다고 생각한 계기가 있나요? 광고 회사 다니는 사람이라면 누구나 아는 얘기가 있었어요. 광고 회사 출신의 평균수명이 그리 길지 않다는 거죠. 이런 상황에서 그 당시 유행한 말이 '100세 시대'였어요. 50대에 은퇴하면 지금껏 살아온 만큼 더 살아야 한다는 뜻인데, 그럼 난 뭘 먹고 살아야 하나 걱정이 들었죠. 그래서 은퇴 후 평생 할 수 있는 일이 무엇일까 계속 고민했습니다.

하지만 광고업과 산촌 귀농은 방향이 너무 다릅니다. 인생 2라운드를 설계하면서 건강한 삶을 최우선으로 꼽았습니다. 인생의 절반을 정신없이 살았으니 나머지 절반은 건강을 챙기면서 좀 더 여유 있게 살고 싶었지요. 물론 일정 수준 이상의 경제활동도 필수였죠. 건강과 일, 두 마리 토끼를 잡으려면 '지속 가능한 삶'이 필요했어요. 은퇴 후에 어떤 삶을 살지 고민하던 중 제 마음을 쿵 두드린 문장이 있었습니다. "우리는 일을 멈추는 순간부터 급속하게 노화가 시작된다." 세계적인 동물학자 데즈먼드 모리스가 한 말이죠. 이것을 뒤집어 말하면, 일하는 것 자체가 우리를 건강하게 만든다는 의미예요. 저 또한 건강하게 사는 게 먼저여서 건강을 위해 평생 할 수 있는 일을 찾아야겠다고 생각했고, 결국 산에서 그 답을 찾았어요. 세상은 빠르게 바뀌어도 산은 오랫동안 변함없잖아요. 언제나 한결같은 산속에서 산이 주는 작물을 캐면서 살아가야겠다고 생각했습니다.

강원도 인제에는 어떻게 정착하게 되었나요? 일단 현지 조사부터 시작했지요. 전국 팔도를 다 조사할 수는 없으므로 몇 가지 원칙을 세웠습니다. 하나, 산과 관련된 일을 한다. 둘, 절대 산을 사지 않는다. 셋, 되도록 추운 지역을 택한다. 왜냐하면 산농사는 노동과 시간을 집중적으로 투입하지 않아도 되기 때문이지요. 대신 자금이 없어 처음부터 산지를 매입하기 어려웠기 때문에 빌리는 쪽으로 계획했습니다. 그리고 기왕이면 해발고도가 높은 추운 곳에서 자라 건강하고 생명력이 강한 작물을 키워야겠다고 생각했죠. 그래야 실패할 확률이 낮으니까요.

일정한 기준에 따라 후보지를 좁힌 거군요. 그랬는데도 현장 답사만 꼬박 2년이 걸렸습니다. 양구, 영월, 평창, 태백, 홍천, 김천, 무주, 순천 등 많은 지역을 답사했지요. 각각 그 나름대로 괜찮은 조건을 갖추고 있었지만 마음에 쏙 드는 곳은 없었어요. 그렇게 현실과 타협해야 하나 갈등하던 무렵, 뜻밖의 작은 인연을 만나게 되었습니다. 제가 다니던 광고 회사에 막내 카피라이터가 있었어요. 오랜만에 같이 저녁을 먹으면서 얘기하던 중 그 친구의 형이 마침 강원도 인제 소치마을에 사무장으로 있으니 연락해 보라고 하더군요. 곧바로 그분에게 연락해 산에 살면서 농사를 짓고 싶다고 얘기했는데, 그분은 귀농이 아니라 귀촌한 경우여서 특별히 도움을 받을 게 없더군요. 그런데 마침 그분 뒷집에 제가 꿈꾸던 일을 하는 사람이 있다며 한 분을 소개해 줬어요. 그분이 바로 지금의 제 멘토예요.

멘토를 만나 바로 정착하셨나요? 하지만 살 곳을 미처 해결하지 못했어요. 마땅한 거처를 찾지 못해 결국 멘토의 집 앞에 있는 컨테이너를 개조해서 살기 시작했지요. 주변에선 처음부터 너무 척박하게 시작하는 게 아니냐고 걱정했지만, 제 인생에서 손꼽을 만큼 잘한 선택이었습니다.

컨테이너 집이라 불편했을 텐데요. 임시 거주 공간이니 당연히 편하지는 않았죠. 그런데 무작정 살아보니 알겠더라고요. 일단 남의 집 방 한 칸이라도, 컨테이너 하나라도 얻어서 살면 기회가 생겨요. 도시에서 아무리 시골의 빈집을 찾아봤자 제대로 된 집이 안 나와요. 막상 빈집이라고 내놓은 집은 그야말로 주인도 살기 애매해서 내놓은 곳이죠. 진짜 살 만한 빈집은 마을 사람들만 아는 특급 정보예요. 제가 지금 살고 있는 66m²(20평)짜리 집도 마을 사람들의 추천 덕분에 얻었죠. '괜찮은 집이 생기면 귀농해야지'는 안일한 생각이에요. 조그마한 거처라도 생기면 일단 뚫고 들어가 마을 사람들과 관계를 맺고 지내다 보면 없는 집이 만들어집니다.

낯선 마을에 잘 정착한 비결이 있을까요. 주소지를 옮겼다고 해서 저절로 농촌의 삶 속으로 스며든 것은 아니지요. 제가 여기 와서 가장 잘한 일 중 하나가 바로 '머슴살이'예요. 어감은 별로겠지만, 저는 지속적이고 장기간에 걸친 실습을 머슴살이라고 표현합니다. 적어도 한 작목을 심고, 키우고, 거두는 전 과정을 현지의 선배(멘토)와 함께 직접 경험해 보는 거죠. 저는 석 달 넘게 멘토의 농장에서 같이 일하면서 농사의 기본기를 탄탄히 쌓았어요. 낫질하는 법, 호미 쓰는 법, 산에 밭 만드는 법, 작물에 따라 씨 뿌리는 법, 거름 주는 법 등을 익혔죠.

농사뿐 아니라 마을 사람들과 좋은 이웃이 되는 것도 노력이 필요할 텐데요. 그럼요. 그 머슴살이로 농사일은 어느 정도 자신감을 얻을 수 있지만, 사실 연고 없는 낯선 곳에서 사는 것은 고난의 연속이지요. 갑자기 전기가 끊기거나 수도가 고장 날 때면 어떻게 해야 할지 막막했습니다. 그때 깨달았습니다. 이곳에서 일만 하는 것이 아니라 살기 위해서는 마을 사람들의 도움이 절대적이라는 것을요. 하지만 마을 사람들 입장에서도 갑자기 도시에서 온 이방인에게 무턱대고 마음을 열기란 사실 쉽지 않을 거예요. 그래서 제가 생각한 방법은 '식탁 교제'였습니다. 2주에 한 번꼴로 일요일 저녁마다 돼지고기 목살 1kg에 소주 두세 병을 사놨어요. 그리고 월요일에 일이 끝날 때쯤 멘토한테 말해요. 오늘 제 집에서 고기 구워 먹으며 한잔하자고 말이죠. 대신 마을 사람 두세 분 정도 모시고 오라고 해요. 숯불에 고기 구워주고, 술 준다는데 안 올 사람이 누가 있겠어요(웃음). 그런 식으로 마을 사람들과 식탁 교제를 하는 거예요. 배부르게 먹고 마시면서 얘기하다 보면 공감대가 형성되고, 심리적 거리도 한 걸음 더 가까워지기 마련이죠. 밥 한 끼로 얼굴도 알고 말도 트니 다음 날부터 만나면 악수하고 인사하는 이웃이 됩니다. 그렇게 제 존재감을 여러 사람에게 알리는 거죠. 그렇게 우리 집에서 식사한 사람만 40~50명 됩니다. 시골 사람들이 외지인을 초대하는 걸 어려워한다면, 반대로 제가 먼저 하면 되는 거예요. 비록 컨테이너이지만 말이죠.

어떤 농사를 짓고 있나요? 산촌의 일과가 궁금합니다. 매일같이 해발 700고지의 가파른 산을 오르내리고 있습니다. 소치마을 소재 임야 약 6만6,200m²(2만여 평)을 임대해 산지에 조성한 밭에서 산양삼을 키우고, 산곰취를 재배하고, 산마늘을 수확하고 있지요. 산양삼은 고급 약재와 식재료로 많이 쓰이고, 산곰취와 산마늘은 널리 알려진 식재료입니다. 비록 수확량이 많지 않지만 주변 사람들에게 알음알음 팔면서 수익을 내고 있고, 담금주 등 약초를 가공한 제품도 판매합니다. 온라인에 좀 더 익숙한 도시인의 노하우를 살려 이웃 주민의 농작물을 온라인 사이트에서 대신 팔아주기도 합니다.

판매하는 농작물의 특징은 뭔가요? 농작물 모두 친환경 농법으로 키웁니다. 이곳에 건강해지려고 왔는데, 그런 제가 돈을 더 벌려고 화학비료를 쓰고 농약을 뿌리는 건 옳지 않다고 생각했어요. 물론 친환경 농업이 쉽지는 않습니다. 예를 들어 1m²당 산곰취를 1kg 생산한다고 하면 농약을 안 뿌리니 생산량이 절반밖에 안 돼요. 사실 남들이 산곰취를 1kg에 1만5,000원에 팔 때 저는 2만 원에 팔고 싶은 게 솔직한 심정이에요. 그만한 가치가 있다고 생각하니까요. 그런데도 똑같이 1만5,000원에 팔고 있어요.

그럼 손해 아닌가요? 대신 다른 방법으로 제 가치를 올려야겠다고 생각했죠. 그래서 <인생2막 산촌귀농 어때요>라는 책을 냈고 <산촌티비>라는 유튜브 채널도 만들었습니다. 제 가치관이 담긴 글이나 영상을 통해 사람들이 저를 높게 평가해준다면 제가 키우고 재배한 농작물도 좋은 평가를 받을 수 있으리라 생각한 거죠.

산촌으로 귀농한 10여 년 동안 꽤 많은 성과를 이루셨네요. 저 혼자 해낸 것이라기보다는 산이 주는 혜택이었죠. 옛사람들이 "농사는 노동이 아니라 몸에 밴 습관"이라고 말했듯, 저도 지금 제 몸에 농사 습관을 하나씩 축적해 나갈 뿐입니다. 유감스럽게도 인생의 중요한 교차로에는 신호등과 표지판이 없다고 합니다. 역시 산촌 귀농에도 왕도가 없고 성공 매뉴얼도 따로 없지만 다행히 먼저 걸어간 선배들의 발자국이 남아 있죠. 선배들도 여전히 성장하기 위해 하루하루 배우며 살아가고 있으니까요. 저는 삶의 방향을 도시에서 산으로 바꾸면서 이제부터 물질적 성공 대신 삶의 성장에 주목하기로 결심했어요. 산에 들어오고 귀촌에 성공한 것이 아니라 제 인생 자체가 산에 들어온 이후로도 꾸준히 성장했음을 보여주는 발자국을 남기고 싶습니다. Ⓙ

전직 서울시 공무원이
시골 마을 반장이 된 비결

가평 자두 농장 장영각

서울시 공무원으로 37년간 근무한 장영각 씨는 정년퇴직을 1년 앞두고 명예퇴직을 선택했다. 다니던 교회가 경기도 가평군 설악면 설곡리에 종교 시설을 건축하면서 관리할 사람이 필요했던 것. 공무원으로 토목 및 건설 관련 업무를 했던 그는 자신이 적임자라고 생각했다. 낯선 시골로의 첫걸음은 그렇게 시작되었다.

고향이 아닌 곳에 정착하셨는데, 가평의 어떤 면에 반했나요? 가평은 서울과 멀지 않으면서도 한적한 시골 풍경을 간직한 곳이에요. 명예퇴직 전 1년 정도 서울과 가평을 오가며 생활했는데, 시간이 갈수록 이 마을이 너무 좋은 겁니다. 그래서 퇴직 후 고향으로 내려가려던 계획을 접고 이곳에 정착하게 됐습니다.

지금 살고 있는 가평군 설악면 설곡리 옻샘마을은 어떤 곳인가요? 170여 가구, 약 300명이 살 만큼 규모가 있는 마을입니다. 오랫동안 제갈 성씨의 집성촌이었지만 최근 귀촌인들이 정착하면서 이들이 마을 인구의 60%를 넘었지요. 마을 주변으로 잣나무 숲이 병풍처럼 둘러싸고 있으며, 자연환경도 잘 보존되어 있습니다.

연고 없이 낯선 시골에 정착하기까지 어려운 점도 많았을 것 같아요. 가장 현실적인 문제는 집이었어요. 처음부터 땅을 매입해 집을 지은 건 아니었습니다. 교회 건

축 일이 어느 정도 마무리되고 있었는데, 어느 날 마을 반장님이 좋은 집이 매물로 나왔다고 소개해 주더군요. 지은 지 10년 정도 된 집이었는데 입지 조건이 너무 좋았어요. 집에서 용문산이 한눈에 내려다보였거든요. 그 풍경에 반해 이튿날 바로 계약했습니다. 대지 150평, 건축면적 40평 규모의 2층 전원주택인데, 울타리도 대문도 없는 개방형 구조입니다. 1층은 살림집이고 2층은 취미 생활을 위한 공간으로 사용하고 있어요. 특히 통유리창에 원목을 덧댄 2층의 분위기가 아늑합니다. 집 앞에는 텃밭도 있고요.

멋진 전원주택이라 비용이 꽤 들었겠습니다. 당시 시세가 2억5,000만 원 정도였는데 저는 좀 더 저렴하게 샀어요. 그리고 주택 리모델링에 3,000만 원 정도를 썼습니다. 제가 살아보니 시골 생활에서는 집이 절대 크고 넓을 필요가 없어요. 규모가 크면 관리하기 힘듭니다. 부부 단둘이 산다면 15~20평 규모면 충분해요. 단, 텃밭은 있어야 하니 대지는 적당히 넓은 것이 좋습니다. 집 짓는 데 돈을 과하게 들일 필요가 없어요. 요즘은 조립식 농가 주택도 많습니다. 6평인데도 내부가 좁게 느껴지지 않고 호텔처럼 안락하며 2층에 다락까지 딸려 있습니다. 이런 조립식 주택은 땅을 다지고 올리기만 하면 됩니다. 허가가 필요 없지요. 가격도 대략 1,800만~2,000만 원 정도입니다. 시골 생활은 되도록 가볍게 사는 것이 좋다고 생각해요.

시골의 하루 일과는 어떤가요? 이곳에 둥지를 틀고 산 지 벌써 8년 차인데, 온종일 바쁩니다. 아침 일찍부터 아내와 함께 텃밭을 가꾸고 농사를 짓고 마을 일에 적극적으로 참여하지요. 집 앞 텃밭에는 옥수수, 가지, 상추, 오이, 토마토 등 제철 채소가 가득합니다. 아내 건강을 위해 차조기라 불리는 약초인 자소엽도 키웁니다. 전업은 아니지만 소일거리로 자두 농사도 짓고 있지요.

원래 과수원을 할 계획이었나요? 여기 정착하게 된 과정처럼 순전히 우연이었습니다. 2018년 3월 면사무소에서 전화가 왔어요. 자두 과수원이 있는데 운영해 보지 않겠느냐는 제안이었죠. 처음에는 주저했습니다. 과수원 농사는 경험이 전혀 없었으니까요. 틈틈이 농사를 배우긴 했지만 텃밭 가꾸는 수준이었죠. 그런데 과수원집 딸 출신인 아내가 해보자고 하더군요. 아내가 아니었으면 엄두도 내지 못했을 일입니다.

과수원 임대료는 얼마였나요? 무상 임대였습니다. 중간에 실패하더라도 경제적 손실이 없는 만큼 곧장 실천에 옮겼지요. 먼저 인터넷을 검색하며 자두 농사에 대한 정보를 얻었고, 지인들의 조언과 선배 농사꾼의 가르침도 받았습니다. 처음에는 가지 치는 법도 몰라 하나씩 배워나갔습니다. 모르는 것은 무조건 작목반 회장이나 총무에게 도움을 청했어요. 다들 자신의 일처럼 도와주셨죠. 시골에 살려면 자신의 옛 경력에 사로잡혀 우쭐해서는 안 됩니다. 모르면 모른다고 정확하게 말하는 게 도움을 얻는 지름길이에요.

자두 농사는 성공적이었나요? 1,000여 평 남짓한 과수원에는 10년 이상 된 자두나무 130여 그루가 있습니다. 조생종인 대석(6월 말 수확) 14그루, 후무사(7월 말 수확) 60여 그루, 추희(9월 중순 수확) 60여 그루 등이죠. 운영 첫해 자두 수확은 예상외로 풍성했어요. 교과서대로 때에 따라 가지를 치고 풀도 깎고 관리를 하며 착실하게 농사를 지었더니 고맙게도 자두나무는 건강하고 튼실한 열매로 보답했습니다. 첫해 1,000만 원 정도 부가 수입이 생겼죠.

부가 수입으로는 꽤 많은 편이네요. 벼농사의 경우 1,000평에서 500만 원 정도 수익이 발생한다고 합니다. 그런 면에서 자두 농사는 수익이 괜찮죠. 자두 농사가 특별히 어렵지는 않지만 여름 땡볕에서 수확해야 하는 수고로움이 있어요. 하지만 자두밭 일은 즐거운 놀이라고 생각합니다. 착실히 연구하고 공부한 덕분에 2020년에는 전해보다 30% 이상 수익을 낼 수 있었죠.

판로 걱정은 없습니까? 농장 위치가 국도 변이라 홍천을 오가는 사람들이 주요 소비자예요. 자두 따기 체험을 통한 수익도 큽니다. 입소문이 난 덕에 가족 단위 체험객이 많은 편이지요.

마을 주민들과 자주 교류하고 행사나 모임에도 적극적인가요? 그런 편입니다. 덕분에 2020년에는 마을 반장으로도 선출되었습니다. 2년 임기로, 크게 달라진 것은 없지만 마을 일로 더 바빠지긴 했습니다.

마을 반장을 맡을 정도로 시골 생활에 잘 적응한 비결을 꼽는다면요? 시골 사람답게, 동네 사람답게 살면 됩니다. 너무 당연하지만 아주 중요한 자세죠. 비슷한 시기에 귀촌한 어떤 분은 6년 동안 살았는데도 마을에 아는 사람이 한 명도 없다고 하더군요. 귀촌해서 담 치고 대문 달고, 거기에 CCTV까지 설치한 분도 봤습니다. 시골에 와서 도시에서처럼 살면 적응하기 어렵습니다. 저에게 집을 파신 분도 귀촌해서 10년 정도 살았다고 하더군요. 제가 이사 온 후 주민들을 초대해 식사 대접을 했는데, 다들 10년 만에 이 집에 처음 와봤다고 하셨어요.

그 외에도 귀촌 후 삶의 질을 높이려면 꼭 필요한 것이 있을까요? 귀촌 생활을 풍요롭게 하는 것은 일과 취미입니다. 일은 소일거리를 말합니다. 봉사 활동, 텃밭 가꾸기 등입니다. 시골에서도 봉사할 게 많아요. 두 번째는 취미 생활입니다. 농한기나 비 올 때 저는 붓글씨를 쓰고 색소폰을 연주합니다. 공직 생활을 하면서 15년 이상 서예와 색소폰을 배웠어요. 현재 면사무소에서 운영 중인 주민자치센터 문화 예술 프로그램에서 색소폰을 가르치고 있습니다.

시골에 정착한 후 가장 크게 바뀐 점은 무엇일까요? 일상은 바빠졌지만 삶은 더 여유로워졌지요. 제 귀촌 정착기를 공유하기 위해 '시골반장TV'라는 유튜브 채널도 개설했습니다. 옻샘마을 소개, 농사일, 자두 농장 이야기, 취미 생활 등 시골 생활의 소소한 일상을 직접 촬영하고 편집해서 올립니다. 배경음악은 직접 연주한 색소폰 연주곡이 대부분이죠. 서툴지만 일상에 자잘한 재미를 또 하나 추가했어요(웃음). 도시를 떠난 이후 무엇보다 가장 크게 바뀌고 또 얻은 것은 사람들과 더불어 살아가는 법을 알게 됐다는 겁니다. '무엇을 하면서 어떻게 살 것인가'라는 인생의 문제를 내 방식대로 잘 풀어가고 있는 것 같아 그 때의 결정에 감사하고, 지금의 삶이 참 좋습니다. **J**

스타벅스가 주 거래처,
네잎클로버가 준 억대 매출의 행운

과천 푸드 클로버 홍인헌

직장 생활을 접고 귀농해 화훼업에 뛰어들 무렵 IMF가 터졌다. 그로부터 십수 년이 지나 세계 최초 자연 번식 방법으로 유전자 변형 없는 식용 네잎클로버를 탄생시켰다. 일명 '스타벅스 클로버'의 주인공 홍인헌 씨의 농사 이야기다.

원래는 무역 일을 하셨다고 들었습니다. 스웨터를 제조해서 미국과 일본에 수출하는 중소기업에 다녔습니다. 의류업을 하던 친누님을 통해서 제조 공정을 어느 정도 익히고 있었기 때문에 중국 시장 바이어로 현지에 나가 5~6년간 일을 했지요. 하지만 그 시장은 사양 사업일 때라 결단이 필요했습니다.

화훼업으로 전환한 계기가 있었나요? 때마침 고향에 3만3,000m²(1만 평) 규모의 유리온실을 짓고 장미를 키우기 시작한 형의 제안으로 국내 유통을 담당하게 됐어요. 화훼 상가가 밀집해 있는 강남고속버스터미널에 첫 매장을 내고 사업을 시작했는데, 곧바로 IMF 외환 위기가 터졌지요. 월급쟁이로 살다 자영업자로 막 첫발을 내디딘 상황에 위기가 닥쳐왔으니 쫄딱 망할 수밖에 없었죠. 좌절하고 있을 수만은 없어 바로 살길을 찾아나섰습니다. 그간 거래해 온 업체들과 다시 사업을 구상한 게 꽃 배달이었어요. 꽃 배달업체에서는 주문과 영업 관리를 맡고, 저희는 제작과 배송을 맡아 사업을 이어갔습니다.

위기를 또 다른 기회로 만들었군요. 꽃 배달 사업을 하던 중 유통업체 홈플러스와 거래할 수 있는 기회를 잡게 되었어요. 당시 홈플러스는 이제 막 국내 시장에 진출한 참이었는데, 매장 입구에 화훼 코너를 배치해 고객을 사로잡으려 했던 거죠. 유통 재고의 부담을 덜 수 있으니 나쁠 게 없는 제안이었어요. 하지만 단기간 내에 판매해야 하는 화훼의 특성상 재고 부담으로 담당 영업자들은 매장 발주를 줄였고, 싱싱한 꽃이 있어야 할 자리에 시든 꽃만 놓여 있으니 판매가 줄어드는 악순환이 반복되었어요. 당연히 수년간 적자가 이어졌지요. 그때 오랜 시간 묻어뒀던 토종 품종 만드는 일을 시작하기로 마음먹었죠.

토종 품종이 꼭 필요한 이유가 있나요? 우리나라 화훼 시장에서 수요가 높은 상품은 대부분 수입 품종이에요. 비싼 로열티를 지급해야 하는 해외 품종 대신 토종 상품을 만들어 경쟁력을 키우고 세계시장에 내놓겠다는 포부가 있었죠. 그러려면 남녀노소 누구나 좋아하고 글로벌 시장에서도 무리 없이 먹힐 수 있는 상품이어야 했고요. 오랜 고민 끝에 떠올린 게 네잎클로버였어요. 행운의 상징, 모두의 기분을 좋게 만드는 선물로도 가치가 있지 않을까 생각했죠.

네잎클로버를 어떻게 품종으로 만들죠? 야생의 네잎클로버를 채집해 줄기를 잘라 다시 심는 삽목 방식의 선발 육종법을 썼어요. 다시 심은 줄기에서 네잎클로버가 나오기까지 지난한 과정을 반복하는 데 쏟은 시간만 5년입니다. 2011년, 세계 최초로 자연 번식 방법으로 네 잎이 자라는 클로버 종자 개발에 성공했어요. 길고 힘든 시간이었고, 중간에 관두고 싶은 마음도 있었지만 애초에 '이건 시간이 오래 걸릴 일이다'라고 마음을 다잡고 시작했어요. 이 일에만 매달리지 말고 생업을 하며 계속 도전해야 무너지지 않을 거라고 생각했죠. 국립종자원에 품종 등록을 마쳤고, 바로 홈플러스와 손잡고 수능 시험 기간에 맞춰 수험생 선물용 네잎클로버 화분을 시장에 선보였어요.

네잎클로버 화분이 판매될 때 기분이 벅찼겠습니다. 많이 기대했죠. 오랜 고생 끝에 얻은 결과였으니까요. 하지만 온실에서 쨍쨍한 햇빛만 받고 자라다 실내로 들어오니 잎이 노랗게 변하고 생기를 잃었어요. 판매 가치가 떨어졌죠. 다행히 해결책은 찾았지만 온도와 조도 등 주변 환경에 크게 영향을 받지 않는 품종으로 개발하기 위해서는 시설 개조가 필요했는데 거기에 투자할 돈이 없었죠. 그때 '먹거리'가 떠올랐어요. 네잎클로버는 특별하잖아요. 전 세계인의 생일 케이크에 하나씩만 올려도 숫자로 따지면 엄청나겠다는 생각이 들었어요.

원래 네잎클로버를 식용으로 사용하나요? 당시, 외국에서는 식용이 가능하지만 국내에는 가축 사료용으로 들어와 식용으로 등록되어 있지 않은 상태라 식품의약품안전처의 허가가 필요했어요. 유럽, 미국, 일본 등의 논문을 찾아가며 클로버가 구황작물이라는 사실과 클로버의 영양 성분을 담은 자료들을 모아 제출했어요. 노력 끝에 2012년 식용작물로 등록되었고, 2033년까지 보호받을 수 있는 국립종자원의 품종보호권도 받게 되었습니다.

그래도 네잎클로버를 음식으로 먹는다는 것이 생소하긴 합니다. 처음 시장의 반응도 미지근했습니다. 하지만 발로 직접 뛰면서 판매처를 찾아가 설득했어요. 일단 샘플을 써보고 평가해 달라는 부탁에 서서히 시장의 반응이 달라지기 시작했습니다. 서울 시내 주요 호텔 납품을 시작으로 점차 자리를 잡기 시작해 2017년에는 세계적인 커피 브랜드 스타벅스의 신상품 음료 재료로 납품하면서 주목을 받았죠. 당시 스타벅스에서 요구한 물량이 하루 5만여 개였지만 저희 공급 능력은 그 절반에도 못 미치는 2만여 개를 겨우 납품하는 상황이었는데 스타벅스와의 협업 그 자체가 엄청난 홍보 효과를 불러일으켰어요. 신문 경제 1면을 장식하니 해외 교민들에게서도 구매 문의가 쏟아졌죠.

'스타벅스 클로버'가 소위 대박을 친 거군요. 한 번 이슈가 되자 시장의 반응은 저절로 따라왔어요. 빠르게 늘어난 시장의 수요를 감당하기 위해서 생산 능력을 키우는 사업 확장이 필요했죠. 투자금을 마련하기 위해 와디즈에서 크라우드 펀딩에 도전했고, 총 1억5,000만 원의 투자금을 모을 수 있었어요. 시설 투자비로 넉넉한 돈은 아니었지만 시도 자체로 대단한 경험이었어요. 나와 연고도 없고 전혀 모르는 사람들이 내 사업의 미래를 보고 투자한 거잖아요. 내 아이디어로 탄생한 상품이 인정을 받은 것이고, '요즘 세상에는 이런 것도 있구나' '이런 방법도 있구나' 하는 생각이 들면서 신기하기도 하고 감사했죠.

새로운 작물 아이템으로 귀농할 때 무엇을 가장 염두에 두어야 할까요? 무작정 귀농을 한다고 길이 열리는 게 아닙니다. 요즘은 지자체에서 많은 자금을 지원해 주지만 아이템이 확실하지 않으면 경쟁력을 갖추기 힘들어요. 아이템이 있어도 정착해서 키워내기까지 몇 년 동안 시행착오를 겪을 수밖에 없습니다. 경제적으로나 정신적으로나 그 시간을 버틸 수 있는 힘과 여유를 가지고 있어야 해요. 또한 귀농하는 이유가 사업적인 성공이 아니라 귀촌과 도시에서 벗어난 삶에 있다면, 굳이 혼자 모든 걸 하기보다는 어느 정도 틀이 잡힌 사업에 참여하는 방법도 있어요. 저같이 늘어난 수요를 감당하지 못해 생산을 도와줄 파트너를 찾는 경우도 있으니까요. 본인의 목표에 맞는 방법을 찾아보길 추천합니다.

이번 코로나19도 영향이 있을텐데 어떻게 극복하고 있나요? 사업을 세계로 확장하려고 준비하던 중 코로나19 사태가 터져 수출길이 막혔습니다. 그래서 다시 국내시장에서 새로운 판로를 뚫었죠. 국내 편의점 유통업체와 제휴를 준비 중입니다. 클로버 100g에는 단백질이 40g 함유되어 있어요. 보통 잎채소의 단백질 함량이 2~3g 정도인 것과는 다른 점이죠. 따라서 채식을 하는 분들의 단백질 보충에 좋은 채소입니다.

앞으로 더 해보고 싶은 것이 있다면요? 바쁜 현대인을 위한 녹즙과 분말 형태의 제품도 곧 선보일 예정입니다. 영양 성분이 많은 클로버를 장아찌로 담가 먹는 레시피 등 조리법 개발에 대한 부분도 고민 중이에요. 또 현재는 자사 몰이나 쿠팡 같은 온라인 마켓, 그리고 마트에서 채소 상품으로 소개되고 있지만, 더 다양한 방식으로 식용 네잎클로버를 선보이고 싶습니다. ●

푸드클로버 02-507-6399 www.foodclover.com

전직 외환 딜러는
어떻게 춘천의 목장주가 됐을까

춘천 해피초원목장 최영철

강원도 춘천시 사북면에 위치한 '해피초원목장'은 한우를 방목하는 개인 목장으로 SNS에서 유명한 춘천의 관광 명소 중 한 곳이다. 목장주 최영철 대표가 마흔 쯤 이곳에 와서 인생 2라운드에 일군 값진 결과물이다. 도시에서 최 대표의 직업은 한우와는 거리가 먼 외환 딜러. 하루하루 치열한 삶을 살고 고액 연봉을 받으며 커리어를 인정받던 외환 딜러는 왜 인생 후반기에 농장을 일구었을까?

외환 딜러는 많은 이들이 선망하는 직업입니다. 수시로 변하는 외환시장의 가격 정보를 확인하고 국제 동향을 파악, 분석하는 등 하루하루를 치열하게 살았죠. 그럴수록 스트레스와 업무 중압감도 커졌습니다. 마흔 무렵, 직장 생활 자체가 제로섬 게임처럼 느껴지면서, 일이 더 이상 견딜 수 없는 고통으로 다가왔어요. 삶의 방향을 바꿔야겠다는 생각을 했죠.

하지만 그렇다고 무작정 도시를 떠나는 것은 쉽지 않은 결정이었을 텐데요. '어떻게 살아야 할까?' '내가 할 일은 무엇인가?' 고민이 깊어질수록 한 가지만큼은 명확해지더라고요. 인생 2라운드까지 지금처럼 도시에서 살기는 싫다고요. 그래서 내 사업을 하되 장소는 농촌으로 정하기로 결론을 내렸죠. 원칙은 세 가지였습니다. '현금으로 거래하고, 외상이 없으며, 재고 부담이 없는 일'을 해보자는 것이었죠.

그 기준에 축산업이 잘 맞는 일이었나요? 귀농 1년 전인 1992년에 1년 동안 친척과 축산 관련한 일을 동업했는데, 농촌에서 현금이 돌고 외상과 재고가 없는 일이 한우 사육이더군요. 그래서 소를 키워야겠다고 생각했죠. 이듬해 고향 춘천으로 내려왔습니다.

당시 축산업을 레드오션으로 생각하는 이들이 많았는데요. 기존의 한우 목장과는 좀 다른 시각으로 축산에 도전했습니다. '일단 사람이 모이게 하자', 즉 축산업 자체의 생산성을 기본으로 농축산물 가공, 관광 등을 연계하면 부가가치가 높아질 것이라고 기대한 것이죠. 처음부터 한우 방목장이라는 뚜렷한 목표를 가지고 차근차근 설계해 나갔습니다.

남들보다 앞선 이런 아이디어는 어떻게 얻으셨어요? 미국계 은행에서 일할 때 해외 출장을 자주 다녔어요. 현지 딜러들과 목장에서 열리는 가든파티에 참석하곤 했는데 그때 목장의 사업성을 발견했습니다. 1차 산업으로 끝나는 것이 아니라 제조 및 가공의 2차, 서비스인 3차 산업이 모두 결합된 6차 산업으로서 축산업의 미래를 그때 생생하게 목격했습니다. 그래서 새로운 블루오션이 될 거라는 확신이 있었죠. 대신 경험을 쌓기 위해 6개월 정도 젖소 목장에서 일하며 운영은 어떻게 하는지, 소는 어떻게 관리하는지 확인했습니다.

목장은 어떻게 일구셨나요? 목장 부지는 주변 자연경관을 고려해 산으로 정했습니다. 이곳은 주변에 춘천호가 있고 춘천호를 둘러싼 산줄기가 수려하지요. 목장 부지는 23만㎡(약 7만여 평)로 일부는 시유지를 임대했고 일부는 매입했는데, 처음에는 그냥 산이었어요. 경사가 심해 목장을 만드는 데 고생을 많이 했습니다. 길을 닦고 초지를 조성하고 물, 전기도 새로 들여야 했어요. 우사를 짓고 나니 생각보다 지출이 컸습니다.

처음 몇 마리로 시작했나요? 한우 암소 6마리였는데, 이후 150마리까지 늘었습니다. 수입이 안정되던 중 IMF 외환 위기를 맞았죠. 환율 때문에 사료값이 치솟은

데다 현찰로만 구매할 수 있었습니다. 반면 한우 가격은 급락하했죠. 겨우겨우 버티며 살아남았지만 2008년 또 광우병 사태가 터졌어요. 두 번의 위기를 통해 농사도 결국 경영이라는 것을 뼈아프게 실감했습니다. '달걀을 한 바구니에 담지 말라'는 투자 원칙이 있듯 안정적인 소득, 새로운 수입원을 찾아야 했습니다. 처음에 계획했던 대로 목장과 관광산업을 결합하려던 목표를 실천할 때가 온 것이었죠.

관광을 염두에 두었다는 것을 실감할 수 있을 정도로 SNS에서는 알프스 못지않은 목장의 전망도 화제던데요. 산 중턱 너른 초지에 자리 잡고 있고 호수와 산을 감싸 안은 목가적이고 낭만적인 자연경관이 우리 목장의 경쟁력이었습니다. 마침 당시 강원도 축협으로부터 강원도 한우 브랜드인 '강원한우(과거 하이록 한우)' 체험 목장으로 지정되기도 했죠. 금전적 지원은 없었지만 관광과 체험을 결합한 목장으로 변모시키는 동력이 됐습니다. 목장 진입로를 정비하고 자연 학습장, 동물 체험 공간, 휴게 공간, 팜 카페, 산책로, 주차장 등을 갖추고 면양, 당나귀, 공작새, 토끼, 흑염소 등 다양한 동물을 목장의 새로운 식구로 들였죠. 그렇게 2012년 12월에 체험 목장을 개장했는데, 시설 비용을 마련하느라 소 120마리를 팔았습니다(웃음).

방문객이 꽤 많다고 들었어요. 목장의 수익 구조가 궁금합니다. 알프스 같은 전망으로 입소문이 나면서 춘천의 포토 존, 관광 명소가 됐어요. 코로나19가 확산하기 시작한 2020년에도 13만 명 넘게 다녀갔습니다. 2018년부터 체험 목장 입장료 수입이 크게 늘면서 현재 목장의 수익 구조는 체험 목장 운영 70%, 한우 사육 30% 정도입니다. 체험 목장 운영으로 바쁘다 보니 한우는 현재 30마리 정도 사육하고 있습니다만, 앞으로는 한우를 더 늘릴 계획입니다.

체험 목장 외에 춘천시 농촌교육농장으로도 운영되고 있다고요. 진로 탐구 현장 체험처로 지정되어 매년 중·고등학생들이 찾고 있습니다. 지속 가능한 농업을 위해 사회적 역할이나 책임을 진지하게 고민하다 보니 청소년 농촌 체험 교육에 관심을 갖게 되었어요. 청소년들이 농업과 농촌의 가능성에 매력을 느끼게 하고 싶었거든요. 현재 농업이 많이 기계화된 데다 농산물 가공 및 제조는 물론 관광이나 체험 활동을 농사와 결합할 수 있어 전망이 밝습니다. 농사는 힘만 들고 돈벌이가 안 된다는 고정관념이나 편견을 버려야 해요. 청소년들에게 미래의 유망 직업으로 농업을 적극 추천합니다. 금융맨으로, 목장주로 살아온 제 경험이 청소년의 진로 선택에 조금이라도 도움이 되었으면 합니다.

남들이 선망하는 외환 딜러로의 삶을 버리고 목장 주인이 된 지금, 가장 크게 변화한 것은 무엇일까요? 목장을 일구고 한우를 키우며 30년 가까운 세월을 살다 보니 지갑이 아닌 사람을 보게 되고, 고집이 아닌 뚝심으로 삶을 채우게 되더군요. 소를 키우면서 일희일비하지 않고 마음을 단단하게 가지려고 노력했습니다. 그리고 소를 통해 인생을 배웠죠. 우직한 소처럼 꾸준함과 성실함으로 뚜벅뚜벅 앞만 보고 걷다 보면 남은 인생길이 매일매일 가벼워진다는 것을요. ●

해피초원목장 033-244-2122 www.happyhilok.co.kr

서울 토박이 세 자매의
버섯 농사기

용인 혜미농원 김혜란·김미선·김미정

서울 종로에서 나고 자라 도시를 벗어난 적 없는 세 자매는 친정어머니를 모시기 위해 용인으로 함께 이주하기로 결정했다. 귀촌은 자연스러웠지만 시골에서 계속 살려면 낯선 농사의 세계에 뛰어들어야 했다. 난생처음 버섯 농사에 도전한 세 자매는 현재 어엿한 농업인으로 농업사회법인을 운영 중이다.

모두 7남매라고 들었습니다. 귀농 전에는 어떤 일을 했나요? 1남 6녀 중 다섯째, 여섯째, 막내 이렇게 세 자매가 귀농을 했습니다. 다섯째(혜란)는 동물 보호 시민단체 '카라'에서 상임이사로 활동했고, 여섯째(미선)는 애니메이션 채색과 웹 디자인을 하고요, 막내(미정)는 의상 디자이너로 일했어요.

지금 살고 있는 용인시 원삼면 두창리로 다섯째 혜란 씨가 가장 먼저 오셨다고요. 언니 두 명이 일찍 귀농해 각각 강원도 양양, 전남 장흥에서 살고 있어요. 간혹 언니들 집에 놀러 가면 사는 모습이 참 평온해 보였는데, 그 영향을 좀 받았죠. 게다가 동물보호 활동을 하다 보니 반려동물들도 흙을 밟고 하늘을 볼 수 있는 자연 속에서 살게 하고 싶더군요. 그러던 중 용인에 사는 지인을 통해 이 마을을 알게 됐어요. 서울 집을 정리하고 두창리로 내려왔습니다. 거리상 서울로 출퇴근하는 데 부담이 없다는 것도 한 이유였죠.

다른 자매들은 어떻게 합류했나요? 둘은 내 집 마련을 위해 서울에서 벗어나 용인 아파트에 살고 있었어요. 그러다 친정어머니를 모셔야 할 상황이 되었을 때, '흩어져 살지 말고 모두 같이 살면 어떨까'라는 생각이 들었죠. 그게 가장 합리적인 해결책이라는 데 셋이 동의했어요. 그래서 다섯째가 살던 두창리에 살림을 합치게 된 것이죠.

갑자기 대가족이 되었네요. 친정어머니를 포함해 어른 넷, 청소년 셋, 반려묘 일곱 마리 등 대가족의 한집살이가 시작되었죠. 친한 자매들이라고 해도 수십 년간 각자의 삶을 살다 한 공간에서 같이 산다는 게 쉽지는 않죠. 그래도 사회복지를 전공한 혜란 언니가 동생들을 이끌어주고, 동생들은 언니를 믿고 따르면서 소박하게 잘 살고 있어요.

농사는 어떻게 시작하게 되었나요? 귀촌하고 나서도 우리가 농사를 짓게 되리라고는 생각지 못했어요. 그런데 1년 정도 살다 보니 농사를 지을 수밖에 없는 이유가 하나둘 생기더군요. 먼저 농사를 전혀 모르면 마을 사람들과의 관계가 한정적일 수밖에 없어요. 주민 대부분이 농업 종사자이기 때문이죠. 주민들과의 관계는 농사를 직접 짓기 이전과 이후로 많이 달라집니다. 같이 농사로 먹고산다는 유대감이 더 끈끈한 결속력을 만든다고 생각해요.

시골에 살려면 농사를 지어야 한다는 거군요. 또 하나 현실적인 이유는 은퇴 이후의 삶 때문이었죠. 은퇴 후 무엇을 하면서 먹고살아야 할까 고민하던 중 대안이 농업이었어요. '우리는 이미 귀촌했으니 그럼 귀농도 해볼까'였죠. 알아보니 지방자치단체마다 귀농인을 위한 다양한 지원 정책이 있더군요.

작물은 어떻게 선택했나요? 저희는 경험이 전혀 없어서 흙을 다루는 농사는 적합하지 않다고 판단했어요. 그래서 선택한 것이 송화버섯 재배예요. 시설 재배 작물인 버섯은 시설만 잘 갖춘다면 실패할 위험이 적다고 하더군요. 노동 강도도 밭일보다 힘들지 않고, 무엇보다 배지 재배라 한 달이면 수확이 가능해 현금 회전율이 높다는 것도 좋았어요. 송화버섯은 일정한 온도와 습도만 맞춰주면 잘 자랍니다. 버섯은 특별한 기술 없이도 재배할 수 있어 초보 농사꾼이 많이 도전하는 작물 중 하나예요.

송화버섯은 좀 낯선데요, 재배법은 어떻게 배우셨나요? 송화버섯은 표고버섯의 최상 등급인 백화고를 개량한 신품종입니다. 갓은 표고, 기둥은 송이버섯 모양으로 향과 맛이 뛰어나요. 시작하기 몇 개월 전부터 여러 재배 농가를 방문해 눈으로, 귀로, 손으로, 발로 직접 배우고 익혔어요. 어느 정도 자신감이 선 후에 집터였던 495㎡(150평) 땅에 재배사 두 동을 짓고 냉난방기 등 설비를 들였죠. 저희 이름 돌림자인 '혜'와 '미'를 따 '혜미농원'으로 상표도 냈고요.

손수 농사를 지어보니 어땠어요? 버섯 재배가 아무리 진입 장벽이 낮다고 해도 저

희 자매에게는 순박하다 못해 무모한 도전이었어요. 3명 모두 평생 책상에서만 근무했던 사람들입니다. 버섯 농사는 몸으로 부딪쳐야 해요. 일이 너무 많아 인내력의 한계를 느끼는 경우도 다반사였어요. 버섯이 자라고 수확하기까지 전 과정이 한 달 안에 이루어지기 때문에 온 신경을 집중해야 합니다. 매일매일 아침저녁으로 관리하고 체크해야 해요. 또 시설 재배라 해도 늘 변수가 생겨요. '농사는 현실이고 현실은 냉혹하다'는 말을 뼈저리게 실감하고 있습니다. 만약 귀농 후 귀촌을 해야 했다면 시골행은 아예 포기하지 않았을까요?(웃음)

재배 외에도 힘든 부분이 있다면요? 판매처 확보가 가장 중요하고 어려워요. 처음 2~3년 동안 유통, 판로를 확보하지 못해 고군분투했어요. 2018년부터는 용인 하나로마트 등 로컬 직매장에 판매를 시작하면서 수익이 점차 개선되고 있지요. 도시 장터 마르쉐에서 직접 판매도 하고, 현재는 용인 지역 9개 매장에서 소비자들과 만나고 있어요. 송화버섯 가공품을 개발해 '해븐머쉬'라는 상호로 네이버 스마트 스토어에도 입점했고요.

최근에는 제2농장까지 열었다고요. 2018년 용인시로부터 귀농인 정착 지원금 3억 원을 받아 경기도 안성에 제2농장을 마련했어요. 3,967m²(1,200평)의 땅을 구입해 재배사 다섯 동을 지었고 2019년 5월부터 가동하고 있습니다. 이곳은 '세자매 꿈농원'이라 이름 짓고 혜미농원과 별도로 농업회사법인으로도 등록했지요. 제2농장을 가동하면서부터는 막내가 직장을 그만두고 농장 전담 팀에 합류했어요.

어엿한 전업 농부가 된 거군요. 여섯째는 2019년 한경대 최고농업경영자과정 버섯학과에서 1년 동안 공부했어요. 전문적인 버섯 재배농이 되기 위해서요. 그 덕분에 저희 송화버섯은 친환경 인증, 우수 농산물 인증을 받았지요.

규모가 커져서 일도 많겠네요. 이젠 각자 업무를 분담하고 있어요. 다섯째는 버섯 가공품 개발과 마케팅을 여섯째는 아들과 함께 버섯 생산과 수확, 재배사 관리를, 막내는 생산과 재정 관리, 로컬 판매에 주력하고 있죠. 도시에서는 흩어져서 각자의 삶을 살았는데 도시를 포기하니 같은 집에서 살고 같은 농장에서 일하며 같은 미래를 꿈꾸게 되었어요.

귀촌과 귀농으로 인생의 방향을 과감히 바꾸는 과정에서 가족의 힘을 실감할 것 같습니다. 저희 자매는 함께 뜻을 모으기만 하면 단합 에너지가 강렬합니다. 물론 치열하게 싸울 때도 많죠. 그러나 목표가 확실하다면 이견 없이 한마음 한뜻으로 실행합니다. 그 과정에서 생기는 크고 작은 마찰은 이내 해결되죠. 혜란 언니의 강한 추진력과 뛰어난 정보력에 대한 신뢰가 커요. 언니라는 우산 아래 우리 둘이 힘으로 뒷받침하면 무엇이든 할 수 있다는 자신감이 있습니다. 가족농의 강점이죠.

가족농이 되려는 분들께 현실적인 조언을 한다면요. 처음 3~4년은 셋 중 한 사람이 농장 일을 전담했고, 나머지 2명은 직장에 다니며 틈틈이 농장 업무를 함께 했어요. 가족이 똘똘 뭉치긴 했지만 소규모라 온 가족이 모두 매달릴 필요가 없었죠. 또 처음부터 수익을 창출하기 어려웠고요. 자매 중 2명이 직장 생활로 고정 수입이 있었기에 그나마 위험 부담이 적었어요. 가족농 또는 부부농이라면 귀농 초기에는 농사 외에 다른 수익원을 고민해야 해요. 농사 경험 자체도 부족하지만 판로, 유통망이 확실해야 수익으로 연결될 수 있기 때문이죠.

바쁘게 살던 도시에서 시골로 생활 터전이 바뀌었지만 변함없는 것들도 있겠죠? 시골에 살아도 도시에서만큼 여전히 바쁘게 살고 있다는 거라고 할까요?(웃음) 솔직히 시골로 내려오면서 내심 여유 있고 한적한 삶을 기대한 것도 사실이에요. 하지만 마냥 편안히 쉬고 요양하기 위해 온 것이 아니라 삶을 살기 위해 온 것이니까요. 농사가 직업이 되고 생계 수단이 된 이상 그에 따른 책임감도 생기고 그만큼 열정도 따라오죠. 하지만 삶의 속도와 결은 도시와는 완전히 다릅니다. 내가 고집 부리고 욕심내고 이끌고 간다고 되는 것이 아닌, 자연의 속도에 맞춰 겸손하고 성실하게 일하고 사는 법을 배우고 있어요. ⓙ

혜미농원 blog.naver.com/yisonghwa

연 매출 10억의
라벤더 농장을 만들기까지

고성 하늬라벤더팜 하덕호

'경관 농업'은 농업을 관광과 접목한 관광 농업으로, 경관을 특화한 것이다. 전북 고창의 청보리밭, 광양의 매실농장 등이 대표적인 경관 농업이다. 작물을 생산하는 농업이 1차 산업이라면 농업 현장을 경관화하는 것은 다른 차원이다. 입장료를 받고 가공 상품을 판매하며, 나아가 축제나 이벤트로 확장해서 지역 전체가 공생하는 사업으로 발전할 수도 있다. 하덕호 대표의 귀농은 보라색 라벤더꽃이 연출하는 경관의 가능성을 본 것에서부터 시작했다.

라벤더 농장은 아직 우리에겐 생소한데요. 허브용품 판매 사이트를 운영하던 중에 허브 농장에서조차 라벤더를 쉽게 볼 수 없다는 점에서 착안했어요. 허브 하면 라벤더를 꼽는데 정작 우리나라에서 라벤더를 키우는 곳이 없더라고요. 자료를 조사하다가 노지에서도 재배가 가능하다는 것을 알았죠. 먼저 운영하던 가게 옆의 땅을 빌려 시험 삼아 심어보았어요. 라벤더 모종을 사와 키우기도 하고, 독일에 사는 친구에게 부탁해 원산지인 프랑스의 라벤더 씨앗을 받아 키우기도 했죠.

허브 원산지인 해외에서 정보를 얻었군요. 일본에 라벤더 마니아가 많아요. 라벤더 하나로 100~200가지 품종을 키우기도 하고, SNS를 통해 정보를 나누기도 하고요. 검색하다가 나가노에 있는 가와카미 아키라라는 농학 박사와 연락이 닿았어요. 부모님이 운영하던 사과 농장 한쪽에 블루베리와 라벤더 농사를 지으면서 라벤더로 화장품을 만드는 공방을 운영하고, 도쿄 등에 원료 공급도 하더라고요. 그 사람을 찾아가 20여 가지 라벤더 모종을 얻었는데, 우리나라에는 없는 종류였어요. 모종(이라지만 흙이 묻어 있지 않은 꽃대를 자른 것)을 하나하나 물에 적신 티슈로 싼 후 비닐로 다시 감싸서 가져왔어요. 요즘은 농산물 검역을 철저히 하지만, 당시만 해도 식물의 씨앗이나 모종을 직접 혹은 우편으로 들여오는 경우 검역이 철저하지 않았기에 가능한 일이었죠.

마치 문익점의 목화씨처럼 모종을 하나하나 귀하게 들여왔네요. 돌아와서 꺾꽂이를 해서 품종을 확보했지요. 그러나 고성으로 옮겨와 밭에 심었더니 계절이 바뀌면서 다 죽었어요. 일본에서 아무리 선별해서 가져왔어도 우리 기후에 맞지 않으면 의미가 없었죠. 덕분에 씨앗의 중요성을 깨달았지요. 꺾꽂이에 의한 번식은 생물학적 특성이 그대로 남아 있지만, 씨앗으로 꽃을 피우면 벌들이 수정을 도우면서 다른 유전자적 특성을 가진 새로운 꽃이 나옵니다. 지금 키우는 종은 2006년에 씨앗으로 가져와 키운 잉글리시 라벤더예요.

어떻게 허브와 인연을 맺게 되었나요? 원래는 자동차 회사에서 부품 구매와 개발 부서에서 일했어요. 8년 정도 일한 다음에는 사원 연수원으로 옮겨 신입 사원 교육과 교육 프로그램 만드는 일을 했죠. 13년을 근무하고 퇴사한 게 1999년, 서른여덟 살 때예요. 이후 2년 정도 쉬면서 여러 직업 훈련도 하고, 컴퓨터 프로그래밍 같은 걸 배우러 다녔어요. 인터넷이 본격적으로 보급된 지 몇 년 안 되기도 했고, 이제 막 온라인 마켓이 생겨나던 때여서 앞으로 뭘 할 수 있을까 고민하다가 쇼핑몰 사이트를 만든 거죠.

허브를 아이템으로 정한 이유는 무엇인가요? 딱히 큰 이유는 없어요. 당시 웰빙과 유기농이 유행하기 시작할 때라 건강과 관련한 허브를 사업 아이템으로 정했죠. 일단 민트나 로즈메리 등을 아파트 발코니에 길러 보면서 '허브앤조이'라는 사이트를 열었어요. 허브용품을 팔았지만 궁극적으로는 라벤더 농장을 만들어야겠다고 생각했죠. 숍이 있는 의왕에서 작은 규모로 라벤더 페스티벌을 열기도 했지만 사람들이 와서 보고 즐기는 방식이 되려면 일정 규모 이상의 넓은 땅이 필요하다는 생각이 들었거든요. 그래서 2003년부터 땅을 보러 다녔지요. 위로는 삼척부터 울진, 속초와 양양을 거쳐 고성에서 지금의 자리를 구했어요.

땅은 어떻게 구입했나요? 처음부터 매물로 나온 땅은 아니었어요. 다른 땅을 보러 왔다가 이곳이 마음에 들어 부동산에 부탁해서 성사가 되었죠. 조경 농원이 있던 약 4만9,600m²(1만5,000평) 크기의 땅이었어요. 당시 시세가 평당 3만 원 정도였는데 나무 이전비를 더해서 평당 4만 원에 구입했습니다.

모델로 삼은 라벤더 농장이 있나요? 농촌의 자연환경과 농업 환경이 어우러진 경관

을 관광자원화하기 위해 일본 홋카이도의 '팜 도미타(Farm Tomita, www.farm-tomita.co.jp)'라는 곳을 모델로 삼았습니다. 설립자인 도미타 토쿠마 회장의 수기도 여러 번 읽으며 참고했고요. 거기에 나가노에 있는 장미정원 '바라쿠라(barakura.co.jp)'의 콘셉트를 적절히 조화시키고자 했습니다.

농장의 이국적인 건물이 참 멋집니다. 땅을 사고 라벤더 농장과 어울리는 건물부터 지었죠. 건물을 짓는 과정에서 우리나라 기후를 고려하지 않은 나무창을 설치하는 등 잘못된 판단도 있었지만 콘셉트는 고수했어요. 건물 모양과 지붕의 스페인식 기와, 바닥 타일까지 유럽의 농장이 연상되도록 말이죠. 재정적으로 부담이 되어 땅 일부를 팔아야 했을 때도 매수자에게 집과 지붕의 모양을 약속 받았을 정도로 풍경을 훼손하지 않고 근사한 그림이 되도록 신경 썼습니다.

엄청난 양의 라벤더는 어떻게 재배하나요? 라벤더 농장을 시작하면서 혼자 키우기보다 마을 사람들과 함께 라벤더 마을을 만들겠다고 생각했어요. 2007년에는 자비를 들여 마을 사람들을 데리고 일본으로 견학도 다녀왔죠. 고성군의 예산 지원으로 주민들이 라벤다 모종을 구매해 재배하고 수확한 라벤더는 하늬라벤더팜에서 수매하는 시스템도 만들었어요. 라벤더는 예상했던 것보다 재배가 잘되었지만, 어려움도 있었죠. 2010년에는 키우던 라벤더가 대부분 죽는 일도 있었습니다. 기후를 고려해서 최적지라고 판단한 곳이었지만 최근의 기후변화에는 어쩔 수가 없더라고요. 일주일 정도 내리는 비는 괜찮아요. 한 달 정도도 견디는데 그때는 45일에 걸쳐서 2~3일에 한 번씩 비가 내렸지요. 뿌리가 썩어서 다 다시 심어야 했어요. 2017년에는 라벤더 축제에 손님이 많아서 좋아했는데 사람들이 밭고랑을 너무 많이 밟아 물 빠짐이 나빠졌는지 다음 해에는 축제를 취소해야 했고요.

라벤더 축제가 꽤 유명하다고 들었습니다. 라벤더 축제는 2008년부터 시작했어요. 초반에는 알리는 게 쉽지 않았죠. 사이트와 페이스북 등을 통해 알렸지만 지역 방송사에서 한번 찾아주면 하루 반짝 사람이 몰리는 정도였어요. 하지만 이제는 인스타그램에 사진 찍기 좋은 곳으로 알려져 코로나19가 확산하기 전인 지난

2019년 6월 축제에는 20여 일간 10만 명 가까운 사람이 찾았습니다. 많을 때는 하루에 9,200명까지 몰리기도 했어요. 도로 한쪽으로 관광버스 60대가 늘어섰지요. 축제를 치르면서 적정 관람 인원은 하루 3,000~5,000명 정도라는 결론을 내렸습니다. 이걸 기준으로 입장료나 관람 방식을 조정할 필요가 있다는 생각을 했고요.

라벤더 재배하랴 축제 준비하랴 꽤 바쁠 것 같습니다. 5월부터 준비를 시작해서 6월에 열고, 7월에는 라벤더를 수확하고 추출합니다. 이때가 지나면 비교적 한가해요. 농장은 10월까지만 개방하고, 11월부터는 본격적인 농한기에 들어갑니다. 12월부터 2월까지는 놀고 쉬고 구상하고 여행도 하면서 충전하는 시간이죠.

큰 성공을 이루면서 주변에 끼치는 영향력과 시야도 많이 달라질 것 같습니다. 친구들이 많이 부러워하고 라벤더 농사나 귀농에 대해 물어오는 분들도 많아요. 전 솔직하게 얘기하는 편입니다. 10억 원 가까운 연 매출을 올리며 경관 농업의 가능성을 확신하게 된 지금은 향후 어떻게 다듬고 변화시킬 것인가가 고민입니다. 여름 한철만 잠깐 찾는 공간이 아니라 사계절 사람들이 찾아올 수 있도록 '컨트리 가든'으로 콘셉트에 변화를 줄 계획이에요. 세련된 수목원이 아니라 시골에 있는 작은 정원처럼 조성할 생각입니다. 아울러 온실 역시 인근 지역의 예술가들의 작품을 전시하는 공간으로 꾸미려고 해요. 이를 통해 문화적으로 소외된 지역에 일조하고 싶습니다. ⓙ

하늬라벤더팜 033-681-0005 www.lavenderfarm.co.kr

한국에서
커피 농사를 짓는다면?

―――

담양 커피농장 임영주

30년 동안 언론사 기자로 활동한 임영주 씨는 은퇴하기 전부터 커피 체험 농장을 계획했다. 기자 시절 아프리카 커피 농장을 방문하고 나서 커피의 매력에 푹 빠졌기 때문이다. 그곳에서 그는 커피나무에 달린 열매부터 커피 생두를 채취하는 모습까지 전체적인 과정을 보게 됐다. 그동안 알지 못했던 커피의 진짜 모습을 본 후, 다른 이들에게도 본인과 같은 경험을 하게 해주고 싶다는 생각에 '커피 체험 농장'을 계획했다. 생생한 이야기를 전달해야 하는 기자의 사명감으로 사람들에게 살아 있는 커피 이야기를 들려주고 싶었기 때문이다.

커피 체험 농장이 아니어도 커피는 이미 흔하게 체험하고 있지 않은가요? 커피나무에 달린 커피 열매에서부터 따뜻한 커피 한잔이 만들어지기까지 전 과정을 직접 보고 느끼는 것이 커피의 진짜 이야기죠. 사람들은 한잔의 커피가 어떻게 만들어지는지 전 과정을 잘 몰라요. 담양커피농장에 오면 커피나무를 직접 보고, 커피꽃 향도 맡을 수 있어요. 그리고 잘 익은 열매를 직접 따서 볶고(로스팅), 로스팅한 원두를 분쇄기에 갈아 핸드 드립으로 커피를 추출하지요. 그다음 각자 만든 커피를 서로 조금씩 나눠 마셔요. 신기한 건 같은 원두여도 저마다 커피 맛이 다 다르다는 거예요. 생두를 볶을 때, 원두 가루로 커피를 내릴 때 미묘한 차이 하나로 맛이 달라지죠. 더 신기한 건 다들 자기가 만든 커피가 제일 맛있대요.

커피 한잔이 만들어지기까지 모든 과정을 체험한다니 매력적이네요. 진짜 매력은 커피에 대해 몰랐던 정보를 얻을 수 있다는 겁니다. 예를 들어, 커피꽃에서는 향긋한 재스민 향이 나요. 향이 좋아서 매년 커피꽃을 보러 오는 단골손님도 있을 정도죠. 커피 열매는 커피 외에도 다양하게 활용합니다. 열매 씨앗은 커피 원두로 사용하고, 껍질(파치먼트)은 말려서 차(tea)로 마시죠. 심지어 씨앗과 껍질을 제외한 과육은 당도가 높아 잼을 만들어 먹어요.

담양커피농장에서 가장 인기 있는 원두는 뭔가요? 세상에 하나뿐인 원두 '골든캐슬'이죠. 이 지역 이름인 금성면에서 따온 겁니다. 골든캐슬 원두는 한국 어디에도 없는 맛과 향을 느낄 수 있기 때문에 커피 마니아들에게 꽤 소문이 났습니다.

농장의 주 수입원은 무엇인가요? 체험 농장을 통해 얻는 수익도 있지만, 원두나 묘목 판매 같은 부수적 수익 효과도 톡톡히 보고 있습니다. 농장에 체험을 접목했더니 확실히 시너지 효과가 있어요. 보통 이런 형태를 6차 산업이라 하더라고요. 커피나무를 재배하고(1차 산업), 골든캐슬 원두나 커피잼을 만들고(2차 산업), 자신이 딴 열매로 커피를 만들어 먹는 체험(3차 산업)이 합해진 개념이죠. 사람들이 농장에서 직접 체험을 하니까 원두에 대한 관심이 높아지면서 인기가 많아졌어요. 수익률로 따지면 체험 농장이 가장 높을 것 같지만, 묘목(1차)이나 원두, 커피잼(2차)도 수익이 비슷해요. 일석 삼조인 셈이죠.

몇 년 전 이곳이 '아열대 작물 견학 1번지'로 신문에 소개되었던데요. 아열대 작물 하면 제주도를 떠올리지만, 제주도는 기후만 따뜻할 뿐 그 외 자연 환경은 아열대 작물을 키우기 힘든 부분이 많아요. 습하기도 하고, 태풍이 오면 직격탄을 맞기 때문이지요. 그래서 오히려 제주도에 있는 아열대 작물 연구소에서 종종 견학하러 오세요.

커피나무를 한국에서 재배하는 것이 여전히 생소합니다. 지금의 커피 농장이 있기까지 과정이 험난했을 텐데요. 무엇보다 커피 씨앗을 구하기조차 쉽지 않았어요.

커피 씨앗은 1년이라도 묵으면 발아율이 반감되기 때문에 그해 수확한 씨앗을 구하는 게 관건입니다. 어렵게 구한 씨앗으로 발아에 성공했지만 겨울이라는 장애물이 기다리고 있었죠. 커피나무는 열대 상록활엽수여서 기온이 안 맞으면 자라지 못하거든요. 시험 재배를 위해 마련한 165㎡(약 50평) 남짓한 비닐하우스에서 밤을 지새운 것도 수차례입니다. 현재는 1,322㎡(약 400평) 규모의 현대식 하우스에서 5,000그루의 커피나무를 재배하고 있습니다. 열대식물에 1℃는 우리가 상상할 수 없는 정도로 큰 차이예요. 그만큼 민감하다는 뜻이죠. 작은 수치일 수 있지만 그 온도를 올리기 위해 열원 시설을 갖추는 건 어려워요. 처음에는 1℃ 올리려고 전기난로도 설치하고, 알코올 버너도 사용하고, 연탄도 때봤어요. 온도를 해결하고 나니 나중에는 가스가 가득 찼는데 환기가 안 되더라고요. 초보자가 기후에 맞지 않은 식물을 재배하려니 어려움이 많았어요. 그래도 여러 시행착오 덕분에 열대작물이 한국에서 자랄 수 있는 환경을 알게 됐고, 계획했던 커피 체험 농장을 제대로 시작하기까지 8년이라는 시간이 걸린 셈이죠.

체험 농장이니만큼 많은 사람들에게 들려줄 커피 상식도 풍부하게 알아야 할 것 같습니다. 그래서 바리스타 자격증을 취득하고, 미국으로 건너가 향미 전문가(커피의 맛과 질을 토대로 품질을 평가하는 사람) 자격증까지 취득했습니다. 커피 체험 농장을 만들고 나서는 블로그 활동을 쉬지 않고 하고 있고요. 농장에서 일어나는 매 순간을 블로그에 담습니다. 방문한 사람부터, 커피 열매가 익어가는 과정까지 전부 담겨 있어요. 커피 체험 농장을 성장시켜 궁극적으로는 마을 사람들과 상생할 수 있는 커피 체험 마을을 만들고 싶어요. 지금도 여러 박람회에 참석하는 등 담양커피농장의 진가를 알리기 위해 발품을 팔고 있습니다.

커피처럼 생소한 작물로 귀농하려는 사람들을 위해 조언을 해준다면? 하고자 하는 일이 있을 때 인터넷 선생만 의지하면 안 돼요. 인터넷 자료는 참고만 하고 직접 발품을 팔아야 해요. 1차로 인터넷 자료를 통해 해야 할 일을 파악했다면, 직접 실행에 옮기면서 사실과 다른 부분을 지워나가면 돼요. 실패할까 두려워 너무 심사숙고하면 나중에는 용기도 없어지고 자존감도 낮아져요. 직접 발로 뛰겠다 다짐하고 한 발짝 내밀었을 때 보이는 세상은 달라요. 고작 한 발 차이일지 모르지만 시야가 훨씬 넓어져 있을 거예요. ⓙ

담양 커피농장 061-381-8879 blog.naver.com/forestopia

해외 이색 작물 하미과로
농촌 정착에 성공하기까지

———

제천 하미농원 김영완

집도 땅도 없던 김영완 씨는 충북 제천으로 귀농한 지 3년 만에 '하미과' 농사를 통해 경제적 기반을 갖추었다. '체류형 농업창업지원센터'(이하 체류형 농업학교*)를 통해 제천에 1년 동안 머무르며 실질적인 농촌살이를 준비한 것이 큰 도움이 됐다. 그러나 체류형 농업학교를 수료한 동기 모두가 귀농에 성공한 것은 아니다. 28명의 동기 중 제천에 정착한 사람은 5명뿐. 농사지을 준비가 되었어도 정착할 집을 구하기가 쉽지 않기 때문이다. 김영완 씨가 성공적으로 귀농할 수 있었던 비결은 무엇일까?

언제부터 귀농을 준비했나요? 무역 회사에 다니면서 중국에 12년 정도 살았어요. 2004년 중국에 처음 갔을 때 우연히 어떤 과일을 먹었는데 너무 맛있는 거예요. 난생처음 맛보는 맛이었죠. 그때 생각했어요. '이건 한국에서 절대 못 먹는 거다. 나중에 한국에 돌아가면 내가 키워야겠다.' 그 과일이 바로 하미과입니다. 그 뒤 2015년에 퇴직하고 서울에 와서 바로 귀농 준비에 돌입했어요.

귀농 교육은 어디서 받았나요? 첫 시작은 서해영농조합법인에서 진행하는 귀농 교육이었어요. 평택에서 두 달 동안 합숙하면서 농사 관련 기초 교육을 받았는데, 국가에서 교육 비용의 70%를 지원해 줘서 부담이 적었고, 귀농에 대해 전혀 모르

던 제게는 유용한 시간이었지요. 그때 같이 교육받던 친구가 체류형 농업학교에 대해 말해주더라고요. 당시 전국에 세 곳이 있었는데, 저는 제천시를 선택했어요. 아내가 귀농할 거면 서울에서 두 시간 거리 이내 지역으로 정하라고 했거든요.

체류형 농업학교에 입학하기 어렵지 않았나요? 면접을 봤는데, 평택에서 배운 귀농 교육이 농사에 대한 제 관심을 증명해 줘서 수월하게 입학했습니다. 체류형 농업학교에서는 체류하는 동안 머무를 곳을 마련해 주는데, 농촌에 집과 땅을 구매하는 비용보다 훨씬 저렴했어요. 약 39m²(12평) 기준으로 평균 보증금 60만 원에 월세가 20만 원이고, 수도 요금과 전기 요금은 별도였어요. 덕분에 10개월 동안 가족과 저렴하면서도 편하게 지낼 수 있었습니다.

체류형 농업학교가 실제로 귀농에 많은 도움이 되었나요? 그럼요. 귀농은 하고 싶은데 농사를 한 번도 지어보지 않은 분들에게 적극 추천합니다. 크게 이론교육과 실습이 있는데, 특히 이론교육을 통해 농사의 기본기를 탄탄하게 갖출 수 있었죠. 토양, 미생물, 식물영양 등 이론으로 배운 유용한 정보가 실제로 농사지을 때 많은 도움이 됐어요. 또 농사일을 실질적으로 체험할 수 있게 개인별로 33m²(10평) 남짓 텃밭도 마련해 주어서 각자가 원하는 작물을 시험 재배할 수도 있고요.

국내에서는 생소한 하미과도 그 텃밭에서 시험 재배를 한 건가요? 그건 아니에요. 하미과는 중국 사막 지역에서 크는 멜론이라 비닐하우스에서 재배할 수 있는데, 하미과를 시험 재배할 비닐하우스를 짓기에는 땅이 너무 좁았죠. 그런데 우연한 계기로 비닐하우스를 얻게 됐어요. 마을에 체류하는 동안 친해진 식당 사장님과 밥 먹으면서 이야기를 나누다 제가 땅을 찾는다고 하니까 마침 남는 땅이 있다

체류형 농업학교 정부의 귀농 지원 정책 일환으로 예비 귀농인들이 농촌에 살면서 농사를 지을 수 있도록 마을 형태로 조성한 시설이다. 단독 또는 가족과 함께 체류할 주거 공간을 제공하고, 농사에 필요한 기초 영농 기술, 수확물 관리 기술, 직거래 방법에 대해 체계적으로 교육한다. 현재 홍천, 금산, 제천, 고창, 구례, 영주, 함양, 영천 등 총 여덟 곳에 있다. 자세한 사항은 귀농귀촌종합센터 홈페이지(www.returnfarm.com)에서 확인할 수 있다.

면서 필요하면 쓰라고 하시는 거예요. 그래서 냉큼 쓴다고 했죠. 틈틈이 마을 사람들과 친해지려고 노력한 게 도움이 된거죠. 덕분에 1년에 30만 원만 내고 약 165m²(50평) 밭에서 시험 재배를 할 수 있었어요. 교육을 받고 나머지 시간에는 비닐하우스에서 하미과 재배에 힘썼죠. 제가 하는 걸 보고 두세 명이 따라와 같이 연습했는데, 그 사람들도 지금 다 귀농에 성공했어요(웃음).

하미과는 흔치 않은 작물인데, 재배 방법을 어떻게 터득했나요? 중국에도 우리의 농촌진흥청 같은 곳이 있어요. 홈페이지를 들어가보면 하미과 재배 방법이 영상으로 자세히 소개돼 있죠. 그 영상을 보면서 혼자 공부했습니다. 처음에 여섯 줄을 심었는데, 다행히 한 줄을 성공했어요. 한국에서도 하미과를 재배할 수 있다는 걸 확인했죠.

실제로 농사를 지어보니 어려운 점은 없었나요? 재배 기술이 가장 어려웠죠. 제천의 지리적 특성상 낮은 기온 때문에 멜론 종류를 재배하지 않더라고요. 그러다 보니 도움 받을 수 있는 곳이 없었어요. 그래서 하미과와 비슷한 품종을 찾다가 경북 성주의 참외 농장을 찾아갔고, 거기서 하미과의 당도를 높이는 방법을 알아낼 수 있었습니다. 중국 매뉴얼에는 열매가 맺히고 40일째 되는 날에 수확하라고 되어 있는데, 우리나라는 날씨가 복합적으로 나타나기 때문에 당도를 높이려면 그보다 더 기다렸다가 수확해야 하더라고요. 실질적인 어려움은 이렇게 발로 직접 뛰어다니며 해결했어요.

수익은 어느 정도 되나요? 저는 약 330m²(100평)짜리 비닐하우스 4개에서 재배하고 있어요. 그런데 저만 하는 게 아니라 저희 마을에 하미과 작목밭 팀이 있어서 모두 합해 6,600m²(약 2,000평) 정도 돼요. 저는 제가 할 수 있는 만큼만 하려고 합니다. 체력에 무리가 갈 정도로 하면 오래 못 할 테니까요. 그래서 딱 벌고 싶은 만큼만 벌어요. 제가 하미과오 올리는 순수익은 연 1,000만원 정도인데, 시골에 살면 생활비가 많이 들지 않기 때문에 이 정도면 먹고살 수 있죠.

하미과 농사를 짓는 사람이 생각보다 많네요? 네, 의외로 많아요. 막상 시도해 볼 수 있는 작물도 많지 않고, 또 돈이 안 되니까 새로운 것을 찾다가 하미과 농사가 잘되는 걸 보고 저를 많이 찾아와요. 저도 혼자 하면 힘드니까 다 같이 하는 게 낫겠다 싶어 재배 방법을 알려주죠. 지금은 저보다 잘하는 분도 많아요. 원래 농사 짓던 기술이 있으니 병충해도 잘 예방하고, 제때 물도 적당히 주니까 제가 키운 것보다 상품 가치가 높은 하미과를 많이 출시하더라고요. 그런 분들은 하미과 작목 밭 팀의 반장으로 모시고 있어요. 시작은 제가 했지만 그분들께 배울 게 많아요.

마을 사람들과 격의 없이 지내는 비결이 뭔가요? 제가 제천에 오면서 다짐한 게 하나 있어요. 마을 사람들과는 절대 경쟁하지 않겠다는 거예요. 외지인이 와서 자신의 생계를 위협하면 누가 좋아하겠어요. 그래서 마을 사람들이 안 하는 작물을 택하기도 했고요. 마을 사람들이 이런 점을 높이 사서 저를 많이 좋아해 준 것 같아요. 무엇보다 체류형 귀농학교에 있는 1년 동안 마을 사람들과 친해지려고 많이 노력했어요. 특히 '식탁 교제'에 집중했죠. 비싼 술 들고 이장님도 찾아가고, 동네 식당에서 밥도 자주 먹었어요. 일단 마을 사람들과 친해지고 나면 뭐든지 쉽게 풀리는 것 같아요. 제가 비닐하우스를 구한 것도 그렇고, 집을 구할 때도 도움을 많이 받았죠. 귀농하고 싶은 지역의 모든 정보는 그 마을 사람들에게 있으니까요.

무엇보다 경험이 중요한 귀농에서 체류형 귀농학교 등을 통해 기반을 다진 대표님의 사례가 예비 귀농인들에게 큰 도움이 될 것 같습니다. 제 귀농 스토리를 보면 아시겠지만, 귀농하기 전에 '미리 경험하는 것'이 중요해요. 체류형 농업학교처럼 농촌에서 직접 경험해 볼 수 있는 곳을 찾아갈 것을 권합니다. 그리고 모르는 것이 있으면 직접 발로 뛰어다니며 정보를 수집해야 해요. 선배 귀농인을 찾아간다든지 자신이 재배하고 싶은 작물로 성공한 사람을 찾아다니는 노력이 필요해요. 그리고 수입이 없어도 3년 정도는 먹고살 수 있어야 합니다. 처음부터 수익이 나기는 쉽지 않거든요. 혹시 돈을 벌려고 귀농하려는 분들이 있다면 말리고 싶어요. 이 일은 자급자족으로 만족할 수 있는 사람들이 해야 돼요. 그래야 건강에 무리 없이 농사지을 수 있습니다. **J**

도시에서 틔운 싹,
고향 땅에 아주심기

양평 별똥밭농장 노재석

감자 농사는 싹 틔우기부터 시작된다. 바람이 잘 통하는 상자에 담아 적정 온도와 습도를 유지하며 싹이 날 때까지 보살핀다. 싹이 어느 정도 자라면 미리 거름을 준 밭에 옮겨 심는데, 이것이 아주심기다. 더 이상 옮겨 심지 않고 그곳에 완전히 심는다는 의미. 이런 과정을 거쳐야만 뿌리가 들뜨지 않고 튼튼하게 자란다. 도시에서 카페를 운영하던 청년이 고향으로 온 지 8년 만에 감자 농사를 통해 '귀농 아주심기'의 해답을 찾아낸 이야기.

원래 양평 토박이였나요? 할아버지의 할아버지의 할아버지 때부터 양평에서 살았어요. 어린 시절 부모님이 낙농업을 하셨는데 두 분은 매일 새벽 젖을 짜고 한평생 외박 한 번 해보신 적이 없었죠. 이런 모습을 보고 저는 시골을 떠나야겠다 결심했고, 인천에 있는 대학교에 합격하면서 자연스럽게 도시 생활을 시작했어요. 전역 후 인천에서 취직해 7년 동안 직장 생활을 했습니다. 그런데 경기가 나빠져 뜻하지 않게 퇴사를 했고, 그 후 카페를 운영했어요. 하지만 우후죽순 생겨나는 카페들과의 경쟁이 쉽지 않더라고요.

그래도 고향에 돌아오기로 결정하기가 쉽지 않았을 것 같아요. 바리스타나 로스터가 있는 카페가 인기 있던 시절이었는데, 바리스타나 로스터가 되려고 공부를

하기에는 제 나이가 많다고 생각했어요. 그래서 찾은 방안이 그 중간 단계인 커피 농부였죠. 커피나무를 키워보겠다는 생각을 품고 양평으로 돌아왔습니다.

그런데 왜 감자 농사를 지었죠? 커피나무를 키우려면 온실이 필요해요. 그래서 그 비용을 모으고 있었는데 아버지가 속해 있는 작목반에 스카우트됐어요. 저는 농사도 배울 겸 작목반 막내 자리를 꿰찼죠. 그해에 수확한 감자는 총 20톤이었는데, 절반도 팔지 못해 처치 곤란한 상황에서 골머리를 앓고 있었어요. 그때 가마솥이 눈에 띄었습니다. 시골집에는 다들 가마솥 하나는 있잖아요. 팔 수도, 버릴 수도 없는 감자를 큰 가마솥에 양념도 안 하고 그냥 튀겼어요. 튀긴 감자칩은 근처에 사는 조카들 유치원 간식으로 싸주고, 시내에서 호프집을 운영하는 친형 가게에 주전부리로 나갔죠. 그게 별똥밭의 시작입니다.

처음엔 남는 감자를 처리하기 위한 방안이었군요. 감자칩을 판매할 생각은 없었어요. '별똥밭'이라는 이름도 감자칩이 아니라 커피나무를 판매하기 위해 등록한 상호였죠. 그런데 조카가 다니는 유치원 원장님에게 아이들 간식으로 주고 싶으니 감자칩을 판매해 달라는 전화가 왔어요. 전화를 받고 얼떨떨했죠. 돈 받고 감자칩을 판다는 생각은 전혀 하지 못했거든요. 또 얼마 후엔 친형 가게 손님들도 감자칩을 사고 싶어 한다는 소식을 듣게 됐어요. 그때부터 자신감이 조금 붙었죠.

판매에 불이 붙은 계기가 있었나요? 반신반의하면서 지역 축제에 첫 장사를 나섰어요. 하루 만에 300봉지가 불티나게 팔렸어요. 재료가 소진돼 장사를 조기 마감했을 만큼 인기가 폭발적이었죠. 손님들은 짭조름하지 않아 처음에는 약간 실망했지만 자기도 모르게 계속 손이 간다며 물리지 않는 맛이라고 칭찬했어요. 지역 축제를 시작으로 전국 곳곳의 플리 마켓을 돌아다니며 별똥밭의 입지를 다져나갔습니다. 그런데 예상치 못한 문제에 부딪혔어요. 식품 제조 허가를 받아야 한다는 걸 미처 생각하지 못한 거예요. 결국 허가 없이 식품을 제조한다는 신고로 장사를 중단할 수밖에 없었죠.

식품 제조 경험이 없었기 때문에 생긴 실수였군요. 허가를 받아야 한다는 사실을 정말 몰랐어요. 그래서 허가가 나올 때까지 몇 개월 동안 감자칩을 팔 수 없었죠. 그 당시 감자칩 제조 시설을 만들려고 건물을 짓고 있었기 때문에 금전적으로 더욱더 어려웠어요. 그래서 막노동까지 하며 대출이자를 충당했죠. 힘은 들었지만 별똥밭을 재정비하고 별똥밭의 미래에 대해 연구하는 계기가 되었어요. 감자뿐 아니라 고구마도 튀겨보고 모든 종류의 감자와 고구마를 맛보며 칩에 가장 어울리는 종을 찾으려 애썼죠.

현재 별똥밭 판매는 어떤가요? 백화점 팝업 스토어, 온라인 몰 등에서 감자칩을 판매하고 있어요. 또 감자칩 제조 시설을 카페로 탈바꿈시켜 감자칩과 커피를 동시에 즐길 수 있는 공간을 마련할 계획이에요. 가장 많이 팔았을 때는 월 4,000만 원까지도 매출이 나왔지만, 기복이 아주 심한 편이에요. 매스컴을 타거나 팝업 스토어를 열면 주문이 밀려왔다가 다시 잠잠해지기를 반복하죠. 특히 올해는 코로나 팬데믹 때문에 팝업 스토어나 플리 마켓도 열리지 않아 힘든 시기를 보내고 있습니다.

감자칩 맛은 다 비슷할 것 같은데, 별똥밭 감자칩이 맛있는 이유가 뭘까요? 커피는 원두 생산지와 로스터, 어떤 바리스타에 따라 맛이 달라져요. 이와 마찬가지로 감자와 고구마도 생산지와 품종, 누가 튀겼는지에 따라 맛이 다 다르죠. 가장 맛있는 감자와 고구마에 별똥밭만의 기술이 더해져 첨가물 없이도 맛있는 겁니다. 별똥밭에서는 우리가 흔히 아는 밤고구마, 호박고구마뿐 아니라 자색고구마, 주황미 등 계절마다 다른 종의 감자와 고구마를 사용해요. 마치 제철 음식처럼 '제철 칩'을 만드는 거죠. 또 찾아오는 손님들에게 볼거리를 제공하기 위해 매년 자이언트 호박도 재배합니다.

마케팅 아이디어가 꽤 좋은 것 같습니다. 귀농하기 전 카페를 운영했던 경험이 큰

별똥밭농장 blog.naver.com/9chaner

도움이 됐어요. 그때부터 '손님을 끌려면 스토리가 있고 신뢰를 얻어야 한다'고 생각했죠. 자이언트 호박을 키우고 가마솥을 고집하는 이유이기도 합니다. 또 신뢰를 얻기 위해 제 모든 일상을 SNS에 공유해요. 어떤 식으로 농사를 짓고 어떻게 칩을 만드는지 고객들이 확인하기 쉽게 말이죠.

성공적인 귀농 후 부모님의 반응은 어떤가요? 제가 감자칩 사업을 본격적으로 하고 싶다 했을 때 아버지가 그냥 "알았다"고만 하시더라고요. 며칠 뒤 술을 마시고 집에 들어가니 젖소가 보이지 않았어요. 아버지가 평생 키워온 젖소 농장을 단숨에 정리하셨더라고요. 부모님의 믿음이 없었다면 여기까지 오기 힘들었을 거예요. 언제나 묵묵히 저를 지켜보고 든든한 힘이 되어주시죠. 또 제가 만약 양평을 한 번도 떠나지 않고 곧장 농사를 지었다면 이 정도까지 열정이 없었을지도 몰라요. 감자를 튀겨볼 생각도 하지 않았을 거고요. 모든 일이 그렇지만, 지금 이렇게 되려고 그런 시간들이 있었구나 새삼 깨닫게 돼요. 도시 생활에서 겪은 시행착오가 결국 제가 고향에서 감자 농사로 아주심기를 할 이유를 찾게 해준 거죠. 이제는 여기에서 완전히 자리 잡고 잘 클 일만 남았습니다. ⓙ

전직 프로 복서가 산머루 농사지으며 토종 와인 메이커가 된 이유

김천 수도산 와이너리 백승현

경상북도 김천시 증산면 금곡리. 수도산 와이너리는 수도산, 가야산, 황악산, 삼방산 등으로 둘러싸여 있는 해발 500m 고지대 마을에 있다. 김천 시내에서 한 시간 정도 더 들어가는 깊은 산골 마을이다. 산허리를 굽이굽이 돌아 들어가면 양조장, 와인 체험장, 와인 저장고에 포도밭까지 갖춘 수도산 와이너리가 있다. 백승현 대표는 자신이 태어난 땅으로 돌아와 개인 와이너리를 조성하고 유기농법으로 산머루를 재배해 토종 와인을 만들고 있다.

인생 초반에 방황을 많이 했다고 들었습니다. 담배와 약초를 재배하는 두메산골 농부의 7남매 중 막내로 태어났지요. 운동으로 돈을 벌고 싶어 고등학교 때부터 권투를 했어요. 주니어라이트급 프로 복서로 데뷔했지만 링 위에서의 시간은 짧았습니다. 공식 전적 3전 2승 1패였어요. 한 번의 패배였지만 단박에 알았죠. 챔피언 벨트는 내 미래가 아니라는걸. 링에서 내려온 이후 여러 가지 일을 했어요. 대부분 몸 쓰는 일이었지만 적응하지 못했습니다. 대기업 경호원으로도 3년 넘게 일했지만 역시 저에게 맞지 않는 옷이었죠. 2년 동안 거친 방황 길에서 좌충우돌했는데, 서른을 앞두고 정신이 번쩍 들었습니다. '그래, 내 고향으로 돌아가자.' 그게 20년 전 일이에요.

처음부터 와인을 만든 건 아니었군요. 부모님 땅에서 담배 농사를 짓다가 2001년 부터 토종 산머루에 꽂혔어요. 담배밭을 갈아엎고 머루를 심었습니다. 경기도 파주에서 산머루 묘목 500주를 구해 와서 심었는데 수확할 때까지 수입이 없으니 화물차 운전, 이삿짐센터 일, 막노동 등 돈 되는 일은 무엇이든 했어요. 식구들을 먹여 살려야 했으니까요.

산머루 농사가 어떻게 와인으로 연결되었나요? 머루 재배는 단순한 농사가 아니었어요. 먼저 땅을 살리는 데 몇 년 고생을 했고, 이후 맛 좋고 당도 높은 산머루를 수확해 생과나 즙으로 팔기 시작했지요. 하지만 수입이 적었어요. 머루로 어떻게 돈을 벌 수 있을까 고민하다가, 와인이 돈이 된다는 주변의 말에 방향을 정했지요. 사실 와인에 대해서는 전혀 몰랐는데 경북농민사관학교, 농촌진흥청 와인 심화 과정, 경북대 지역 특산주 제조 과정을 다니며 공부했습니다. 와인 동호회 활동에도 열과 성을 다했죠.

와인메이커는 또 다른 도전이었겠네요. 2004년부터 산머루 와인을 만들기 시작했고, 이듬해에는 와인을 판매하기 위해 주류 제조업 면허를 신청했죠. 양조장 짓고 설비 구입하는 데 1억 원 정도 들었습니다. 자본금이 없으니 친구들의 도움을 받으며 1년 동안 공장을 지었죠. 돈 되는 일이라면 닥치는 대로 했고, 부족한 돈은 대출을 받았어요. 아내에겐 양해를 구했습니다. 공장을 짓는 동안 생활비를 줄 수 없다고 했죠. 두 아이를 키우며 아내가 고생을 많이 했어요.

처음 만든 산머루 와인의 반응은 어땠습니까? 2008년 주류 제조업 면허를 받고 본격적으로 산머루 레드 와인을 출시했습니다. '크라테(Kraté)'라는 브랜드로 드라이, 스위트 2종을 선보였죠. 당시는 옹기 항아리에 포도를 으깨어 넣고 발효했는데, 100여 개의 옹기에서 발효된 와인을 청와대에도 납품했습니다. 2012년에는 코엑스에서 열린 서울국제주류박람회에 참가해 와인을 홍보했는데, 와인을 테이스팅한 외국인 소믈리에가 말하더군요. "이것은 와인이 아니다. 그냥 주스 와인이다." 이유를 물으니 오크통 숙성이 아니라고 하더군요.

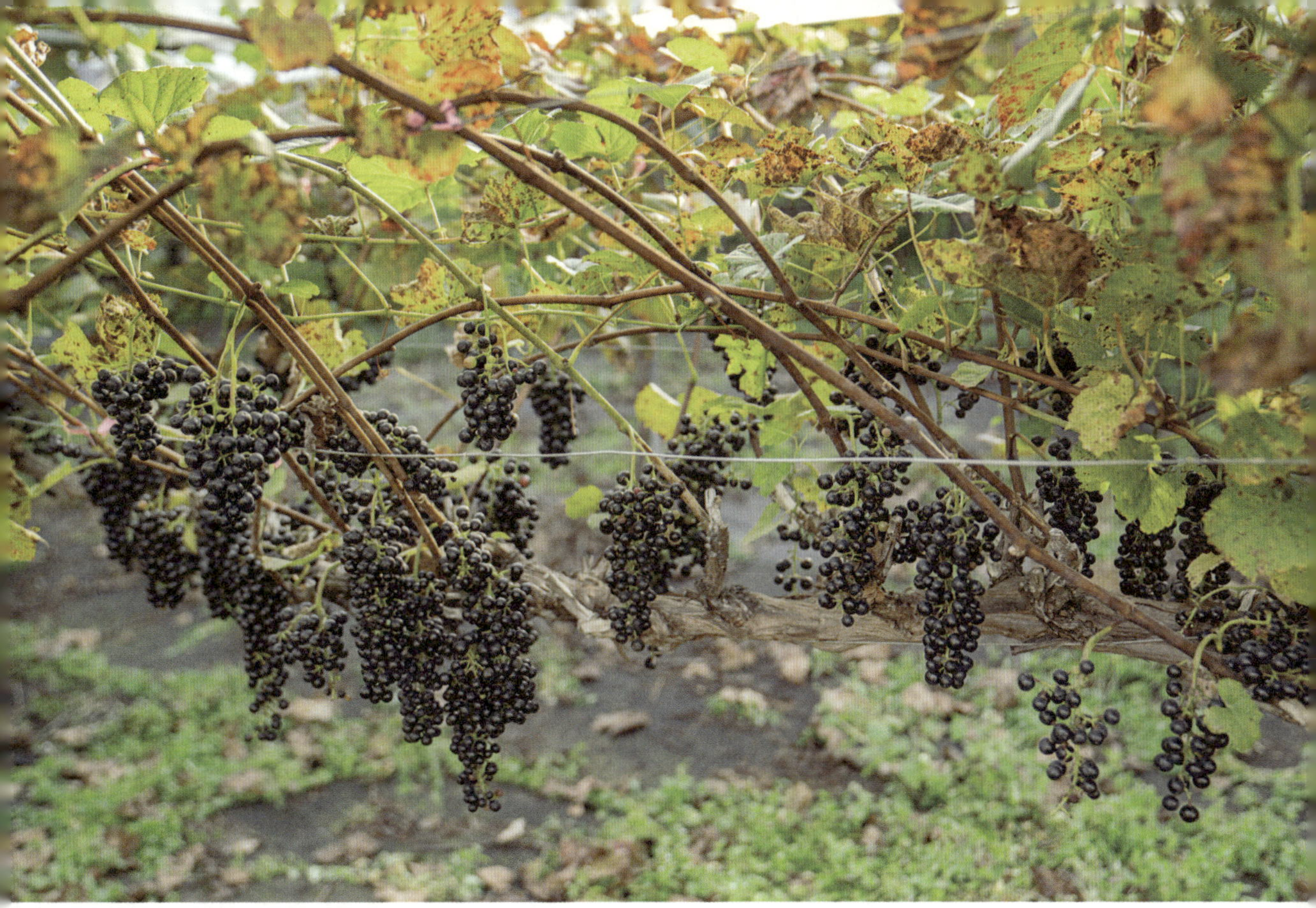

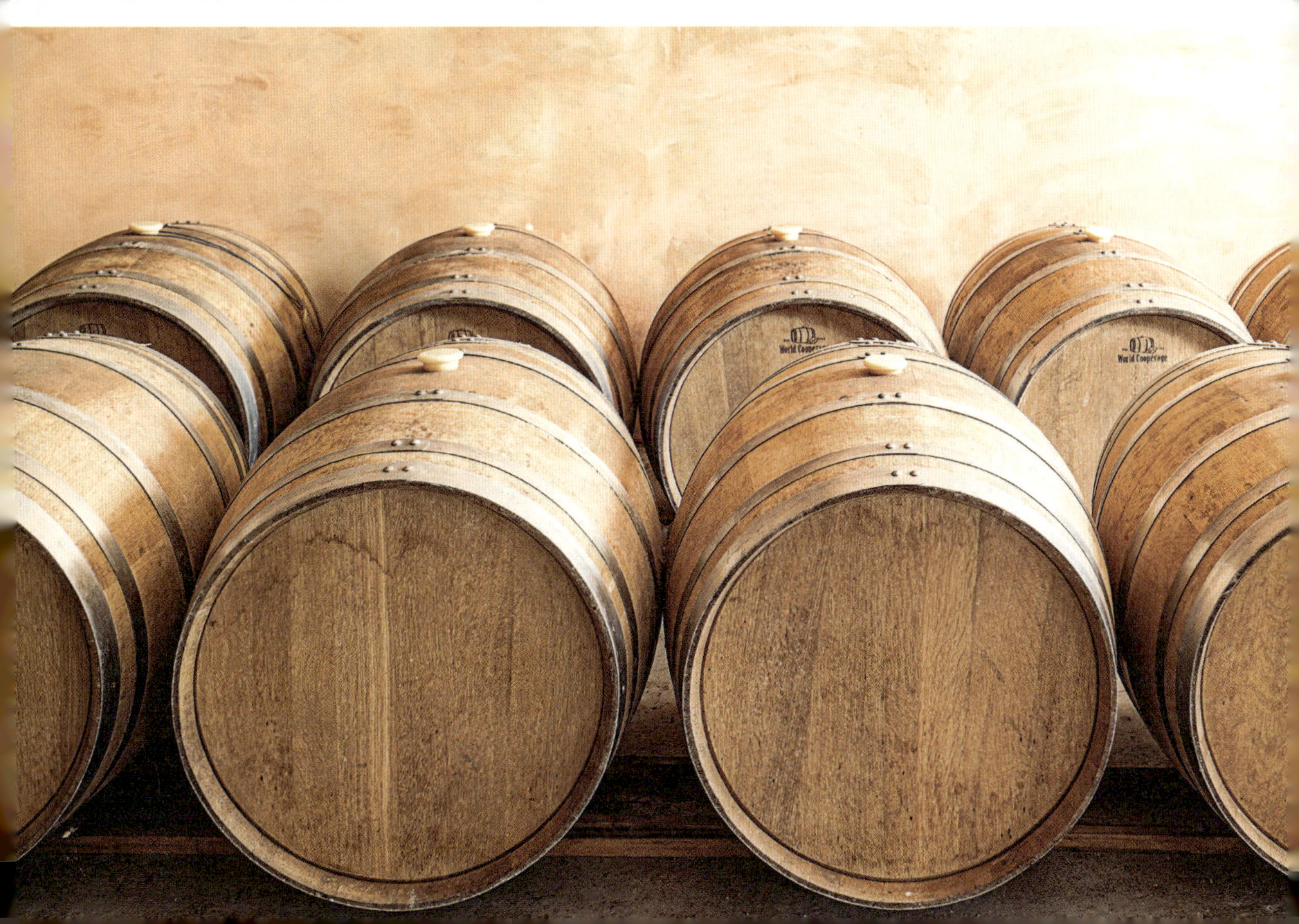

항아리가 아니라 오크통에서 발효시켜야 했군요. 그길로 옹기 발효를 깨끗이 포기하고 오크통을 사들였어요. 처음에는 오크통 사용법을 몰라 그해 와인 전량을 폐기했습니다. 한 해 농사가 물거품이 된 거예요. 비싼 수업료를 치렀지만 그 덕분에 실력이 쌓였어요. 지금은 20개의 오크통에서 평균 2~3년 정도 숙성 기간을 거치고 있습니다. 산머루는 산도가 높아 오크통에 넣어 산화시키면서 와인 밸런스를 맞춰줍니다. 그래서 묵직하면서도 깊은 맛이 나죠.

한국 와인 중에서도 톱 레벨에 속한다는 평가를 받고 있습니다. 현재 크라테'라는 브랜드로 레드·화이트·로제 와인을 생산하고 있습니다. '분화구'를 뜻하는 이탈리아어 크라테레(Cratère)에서 착안했어요. 와이너리가 위치한 증산면의 지형이 분지여서죠. 크라테 와인은 2014년부터 크고 작은 각종 와인 대회에서 수상하며 품질을 인정받고 있고, 특히 유기농 산머루로 빚은 레드 와인 '산머루 크라테 세미 스위트'는 서울 특급 호텔 레스토랑과 와인 바 등에 납품하고 있습니다.

크라테 와인이 좋은 평가를 받는 이유는 무엇인가요? 와인 선진국에서는 보통 와인메이커가 포도밭을 직접 일굽니다. 포도를 언제 수확해야 와인 맛이 가장 좋은지 알 수 있어서지요. 저도 직접 머루밭을 일구고 해마다 수확 시기 등을 실험하며 와인의 퀄리티를 높이고 있습니다. 저희 와이너리에서는 약 1만 8,000㎡(약 5,500평)의 밭에서 5000주 넘는 머루를 재배 중이지요. 머루밭 위에는 포도밭도 있어 스페인산, 독일산 등 다양한 수입종 포도가 자랍니다. 이런 포도는 블렌딩용으로, 품종을 섞어가며 와인을 실험하고 있어요.

이제 경제적으로도 안정이 되었나요? 와인으로 한 해 1억 원 정도 매출이 발생하지만 여전히 적자입니다. 연간 3억 원 이상 매출이 나와야 어느 정도 운영이 안정되죠. 와인만으로는 생계를 해결할 수 없어서 지금은 농사도 같이 짓고 있어요. 그렇지만 제 나이 이제 50입니다. 실패의 부담보다 성공의 희망에 기대보렵니다.

수도산 와이너리 blog.naver.com/hyen0148

내년에는 양조장부터 넓혀야 해요. 지금은 연간 5000병 정도 생산하는데, 1만 병 정도 생산할 수 있는 시설을 갖춰 와인메이커로서 제대로 승부해 보려고요.

와인을 만들면서 새롭게 알게 된 것이 있다면요? 조금이라도 방심하거나 세속적인 욕심을 부리면 와인도 날 배신합니다. 땅을 살리고 자연 친화적으로 머루를 재배하며 10년을 공들였더니 이제는 알아서 좋은 열매를 내주더군요. 와인을 만들면서 배운 것이 바로 정직과 정성입니다. 와인과 와인메이커는 서로 닮는다고 해요. 제가 만든 와인이 밸런스를 이루며 묵직하게 숙성되는 것처럼 저 역시 이곳에서 자연과 호흡하며 그동안 쌓은 경험과 세월을 숙성시켜 인생 농사도 잘 지어보려고 합니다. **J**

*2년 동안 거친 방황 길에서 좌충우돌하다가
정신이 번쩍 들었습니다. '그래, 내 고향으로 돌아가자.'*

자연은
자기를 사랑하는 사람을
절대속이지않는다ー

캘리그라피 최인숙(전성기캠퍼스 강사)
묵통캘리그라피연구소 전시기획팀장이자 캘리그라피 작가. 전성기 캠퍼스 강사로 활동하며
글씨를 통해 사람들과 이야기를 나누는 방법을 전달하고 있다.

PART 4
시골에 살지만 농부는 아닙니다

왜 굳이
도시에 살아야 하죠?

속초 오가든스 정원 디자이너 오경아

강원도 속초시 외곽의 도문동 중도문리. 나지막한 산과 넓은 들로 포근하게 둘러싸인 소담한 이 마을에는 20여 가구가 옹기종기 모여 있다. 이곳 마을 어귀에는 시골 생활 9년 차 오경아 씨 부부의 살림집이자 사무실 겸 공방인 파란색 지붕 집이 있다. 그녀는 도시의 아파트에 살면서 늘 고민이 많았다. 꽃과 나무와 식물 관련 일을 하는 사람이 도시에서 산다는 것 자체가 모순이 아닐까 싶었던 것. 그리고 마침내 결심했다. 도시를 벗어나자고.

정원 디자이너로서 어떤 일을 주로 하나요? 정원과 관련된 디자인, 설계, 컨설팅, 시공을 하는 1인 기업을 운영하고 있어요. 그 밖에 원예와 가든 디자인 관련 소규모 강의를 진행하는 '오경아 정원학교'와 가드닝을 공부하고 실습할 수 있는 수업 공간을 겸한 정원 카페도 운영하고요. 아울러 정원을 주제로 꾸준히 책을 쓰는 작가이기도 합니다.

한때 방송작가였다고 들었습니다. MBC 라디오 <FM영화음악> <이종환·최유라의 지금은 라디오시대> 등 16년 동안 여러 라디오 프로그램에서 일했어요. 일산의 작은 마당 딸린 단독주택에서 연년생 두 딸을 키우며 맞벌이 주말부부로 살았죠. 바빴지만 안정된 삶이었어요.

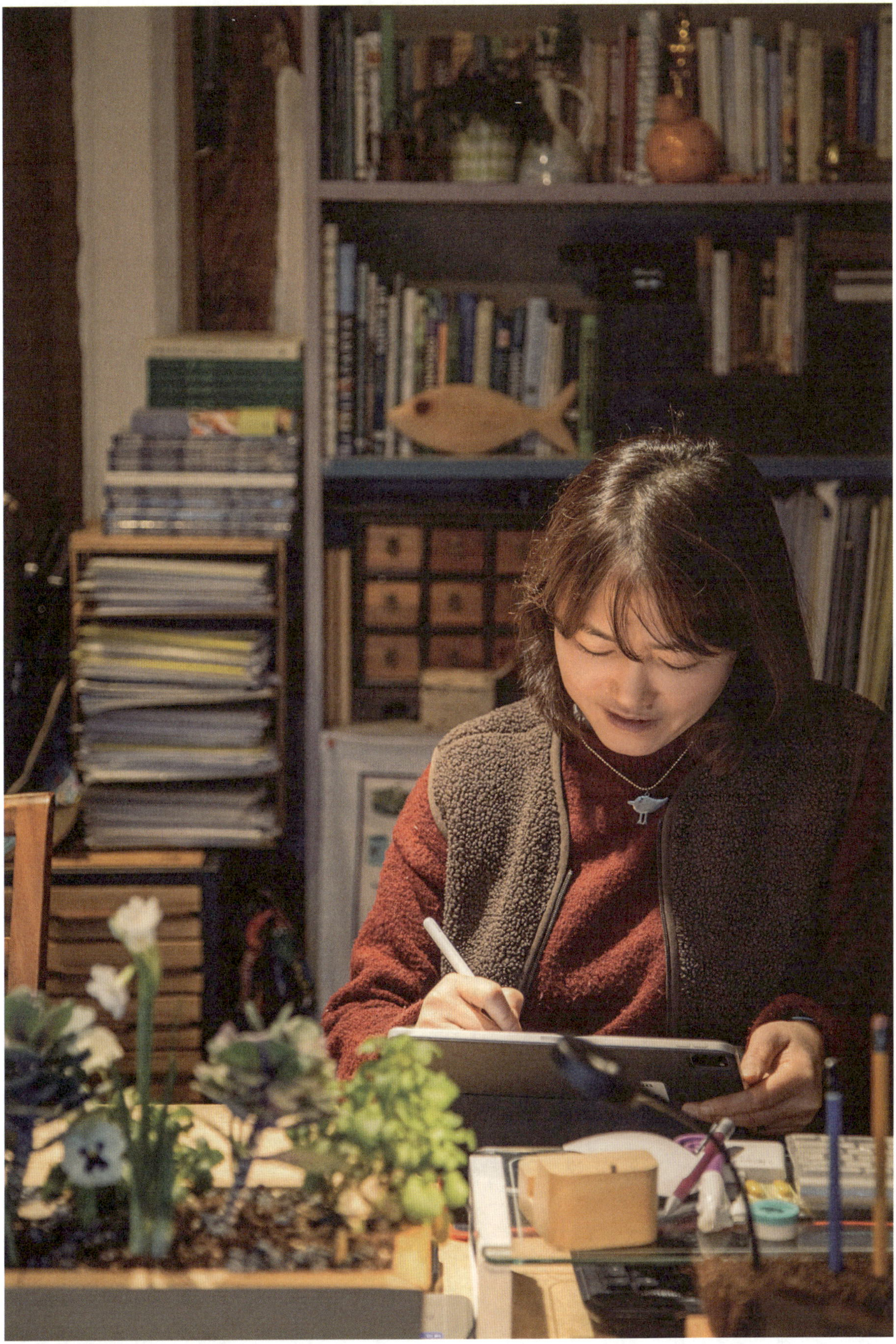

어쩌다가 정원 가꾸기에 빠져들었나요? 방송작가라는 직업의 특성상 몸과 마음이 쉬이 지칩니다. 그럴 때면 집 앞마당에서 꽃과 식물을 가꾸며 마음을 추슬렀어요. 작은 정원이 저에게는 안식처였지요. 자연스럽게 정원 문화에 호기심이 생겼고, 영국 유학까지 준비하게 되었습니다. 처음엔 그저 3년 뒤에 돌아오자는 가벼운 마음이었어요. 그런데 막상 식물, 원예, 조경 등을 공부하다 보니 정원 문화에 깊이 빠져들게 되더라고요. 그래서 대학교에서 조경학을 전공하고 석·박사과정까지 수료했습니다. 세계에서 가장 유명한 식물원이자 유네스코 세계문화유산으로 지정된 영국 왕립 식물원 '큐 가든'에서 1년간 인턴십도 했고요. 그렇게 영국에서 7년을 보내고 2011년 말 귀국한 뒤, 40대 중반부터는 정원 디자이너로서 인생 2라운드를 시작하게 되었습니다.

그동안 가족들은 어떻게 지냈나요? 제가 느닷없이 두 아이를 데리고 유학을 떠나면서 남편은 직업을 바꾸고 삶의 터전도 옮기게 되었죠. 대학교수인 남편은 저와 딸들을 뒷바라지하느라 일산 집을 팔았고, 월세로 옮겨야만 했어요. 제가 귀국했을 때는 살 집이 마땅치 않아 월세로 얻은 창고를 가든 디자인 스튜디오 겸 살림집으로 사용했습니다. 그곳에서 1년 반 정도 살았는데, 주거용이 아닌 탓에 이웃의 민원이 잦았죠. 어쩔 수 없이 아파트로 옮겼지만 마음이 영 불편했어요. 정원 디자이너가 마당 없는 집에 산다는 것, 도시에서 산다는 것 자체가 모순이라는 생각이 들었거든요. 고민 끝에 남편에게 말했어요. "정원에 대한 글을 써야 하는데 도시에서는 한 줄도 쓸 수 없다. 그러니 도시를 벗어나야 할 것 같다"라고요.

결국 도시를 탈출했군요. 마침 일 때문에 속초를 방문했는데, 이곳 중도문리에서 너른 마당을 품은 오래된 한옥 한 채를 만났어요. 안방과 사랑방 등 방 세 칸과 마루, 부엌을 나란히 배치하고 부엌에 외양간을 덧붙인 'ㄱ'자형 겹집 구조였어요. 양양에 있던 100년 전 한옥을 그대로 뜯어와 1970년경 다시 조립한 집이라더군요. 3년째 비어 있었기에 집은 누추했고, 곳곳이 녹슬고 무너져 있었으며, 마당은 잡초로 무성했어요. 하지만 마음이 설렜어요. 바로 집을 계약했습니다.

시골로 내려와서 힘든 점은 없었나요? 시골의 정서를 좋아하는 것과 시골 사람의 정서를 공유하는 것은 다른 차원의 문제입니다. 저는 서울 토박이로 태생이 도시 사람입니다. 도시 DNA와 시골 DNA는 다르다고 할까요?(웃음) 시골 사람의 정서를 그대로 공유할 수는 없어요. 어느 정도 친분을 쌓을 수는 있지만 유대감이나 공감대를 높이는 데는 한계가 있을 수밖에요.

그럼에도 잘 정착한 것 같습니다. 시골은 홀로 살 수 있는 공간이 아니에요. 더불어 살아야 하는 곳입니다. 마을 주민이라면 마을 경조사, 크고 작은 연례행사와 공동 작업 등을 피할 수 없어요. 원주민들과의 교류, 마을 공동체 생활은 필요하고 또 중요하지요. 저희 부부는 일단 마을 사람들과 위화감을 만들지 않기 위해서 조심했어요. 집을 수리할 때부터 그 점을 고려해서 옛집의 흔적을 지우기보다는 원래 모습을 찾아가는 방향으로 고치고 다듬었죠. 마을 풍경 속에 자연스럽게 녹아드는 집이 되도록요. 집수리를 마치고 나니 마을 부녀회장님이 그러시더군요. 집이 지어졌던 1970년대 모습으로 돌아갔다고, 옛 추억이 떠올라 친근하다고요.

Oh Gardens
오경아정원학교

마을 공동체에서 잘 지내는 원칙 같은 게 있나요? 힘들고 힘쓰는 일에는 무조건 참석하지만, 놀고 먹는 일에는 신경 쓰지 않는 겁니다. 이를테면 마을 사람들 생일 잔치나 결혼식에는 불참해도 장례식이나 마을 공동 청소에는 반드시 참석하는 식이죠. 저희는 생각보다 적응하기 순조로웠어요. 동네 일꾼을 자처한 남편의 공로가 컸지요. 먹고사는 일에 대한 걱정은 여전하지만, 실제로 살아보니 막연한 우려가 예상보다 좋게 해결되곤 했어요. 지난 2013년에 내려와 시골 생활 9년째인 지금, 점점 안정되는 중입니다.

도시를 떠난 걸 후회한 적은 없나요? 도시의 삶은 어쩌면 저장과 잉여를 위해 인생을 지나치게 혹사시키는 게 아닐까 생각해요. 시골 생활은 잉여를 없애는 삶입니다. 굳이 도시에서 살지 않아도 되는 직업군이라면 시골 생활을 추천합니다. 귀촌하라는 게 아니라 생활 터전을 시골로 옮겨보라는 거죠. 제 경우도 가든 디자인 스튜디오가 굳이 강남에 있을 필요가 없어요. 요즘은 도로망이 잘 갖춰져 있어 속초에서 서울까지 차로 2시간밖에 걸리지 않아요. 시골에 살면서 얼마든지 도시 생활을 누릴 수 있지요. 도시의 10분의 1쯤 되는 생활비로 열 배 이상의 풍요로움을 경험할 수 있어요. 앞으로는 어디에서 사느냐가 아니라 어떻게 사느냐가 더 중요합니다. 장기 플랜을 세워 차근차근 준비한다면 시골에서도 얼마든지 질 높은 생활이 가능합니다.

시골 생활을 하면서 더 해보고 싶은 것이 있다면요? 좀 더 진화한 시골 생활을 꿈꾸고 있어요. 지금까지는 일보다 생활 위주의 시골살이였다면 앞으로는 보다 생산적으로 자급자족하는 시골 생활을 계획 중입니다. ⓙ

오경아정원학교 033-637-5959 blog.naver.com/oka0513

세계를 누비던 IT 테러 전문가,
수제 맥주 양조장으로 전원에 정착

제천 뱅크크릭브루잉 홍성태

수제 맥주 마니아들에게 유명한 충북 제천의 뱅크크릭브루잉은 '솔티8'이라는 맥주를 생산하는 곳이다. 이곳의 홍성태 대표는 사실 술과 거리가 먼 사람이었다. 컴퓨터 프로그래머로 세계 곳곳에서 IT 전문가로 활동했다. 그런 그가 시골로 내려가 맥주보리 농사를 짓고, 수제 맥주를 만들기까지 직접 빚은 맥주만큼이나 풍미 넘치는 인생의 경험과 굴곡이 있었다.

1990년대에 IT 업계에 몸담고 있었다니 다양한 기회가 많았을 것 같습니다. 나우누리 입사 6개월 만에 인사고과 최고점을 분기 연속으로 받고 회사에 3년간 300억 원의 매출 달성을 안겼어요. 하지만 IMF 외환 위기가 터졌고, 선택의 기로에 서게 됐죠. IMF로 사정이 어려워진 회사는 부하 직원 둘을 내보낼 것을 권고했는데 참 쉽지 않더군요. 연차가 아직 낮은 후배들은 이직하기 어려울 것을 알았기에 제가 회사를 떠나기로 마음먹고 일본, 미국 등 해외로 눈을 돌렸습니다. 열심히 이력서를 돌려 일본, 홍콩에서 차례로 경력을 쌓았죠. 30대 후반엔 가족과 함께 바레인으로 터전을 옮겼습니다. 그곳에서 통신 서비스 쪽 IT 프로젝트를 여러 번 성공시키자 이번에는 뉴욕에 있는 지인이 제안을 해왔어요. FBI, CIA 출신이 즐비한 회사에서 진행하는 대테러 컨설팅 업무였고, 5년간 중동에서 도·감청, 요인·VIP 암살 방지 등의 업무를 담당했지요.

버라이어티한 30~40대를 보냈군요. 국가에서 가지 말라는 곳 빼고는 다 다녔어요. 위험한 상황이 많았죠. 가끔 협박을 받는 경우도 있었고요. 40대 중반이 되니 더 늦기 전에 안정된 삶을 꾸려야겠다는 생각이 들었습니다. 어떤 일을 해야 할까 고민하던 중 '맥주'가 떠올랐죠. 평소 술을 좋아해 미국에서는 크래프트 에일을 만드는 브루어리를 자주 찾았고, 어느 도시를 가건 술을 마셨거든요. 나이를 먹어도 열정을 가지고 열심히 할 수 있는 일, 수제 맥주가 딱이다 싶었습니다.

좋아한다고 해도 초보에게 쉬운 일이 아닌데, 제조 기술은 어떻게 배웠나요? 처음 양조장을 만들겠다고 마음먹은 게 2011년이었는데, 당시는 국내 주류법상 수제 맥주 유통에 제약이 많았어요. 그래서 섣불리 도전하기보다 우선 공방을 만들어 양조 연습을 하고 사람들을 사귀면서 해외 양조장의 문을 두드렸지요. 미국의 맥주 전문가 마이클 잭슨이 만들어놓은 체계를 공부하며 미국에 갈 때마다 지역 양조장을 찾아가 노하우를 물었어요. 그런데 배울수록 본류는 벨기에라는 것을 알게 됐죠. 그때부터 벨기에로 날아갔습니다. 한데 맥주 레시피를 대부분 오픈하는 미국 양조장과 달리 벨기에는 정보 개방에 보수적이었어요. 아침마다 숙소에서 100km를 운전해 가서 일을 도왔지만, 박했지요. 틈틈이 어깨너머로 수집한

정보를 조합해서 "이게 맞느냐"고 물으면 그제야 호응해 주는 식이었습니다.

양조 기술 배우기가 쉽지 않았군요. 미국, 일본, 벨기에, 슬로베니아 등 해외 양조장을 찾아다니며 4년을 배웠습니다. 그러던 중 2014년에 드디어 수제 맥주 유통법이 바뀌어 본격적으로 시작하게 되었고, 충북 제천에 터를 잡았습니다. 당시 아내가 유기농 농사를 짓는 모임에 참여하느라 집이 있는 분당과 제천을 부지런히 오간 덕분에 제천에 연고가 어느 정도 생겨 지역을 정하는 것은 그리 어렵지 않았습니다.

맥주 양조에서 가장 중요한 것은 무엇인가요? 맥주의 퀄리티는 발효 기술이 좌우해요. 환경이 무척 중요하죠. 양조장마다 맥주 레시피를 공개하기도 하는데, 그대로 따라 해도 맛은 80%밖에 구현이 안 돼요. 결국 나머지 20%를 따라잡고, 더 나은 나만의 맥주를 만들기 위해 치열하게 고민해야 하는 거죠.

이곳의 대표 상품이 '솔티(SOLTI)8'이라고 들었습니다. 무슨 뜻인가요? 구한말 제천 지역 의병장인 의암 류인석 장군의 의병 봉기에 쓰인 격문의 첫 문장 "팔(八)도에 고하노라"에서 착안해 만든 제품이에요. 일제에 맞서 나라를 구하고자 한 의인의 뜻을 기리며 가장 씁쓸한 더블 IPA 맥주를 만들었고 도수도 8%, 이름도 8로 지었지요. '솔티(SOLTI)8'의 솔티는 뱅크크릭브루잉이 자리한 솔티마을에서 따왔습니다.

이곳 맥주의 특징은 무엇인가요? 저희 브루어리에서 만드는 맥주는 모두 두 번 발효합니다. 발효를 거듭할수록 풍미는 깊어지고 맛의 균형이 잡히죠. 최근에 개발한 '배론 에일'은 세 번 발효한 트리플 에일이에요. 제천에 있는 '배론 성지'에서 이름과 라벨 디자인을 따왔죠. 지역의 상징이 될 수 있는 상품을 개발하기 위해 배론 성지의 신부님들을 오랜 시간 설득하고 노력한 끝에 탄생시킨 상품이에요. 판매 수익의 일부는 배론 성지 내에 있는 '살레시오의 집'에 기부합니다.

수익금 일부를 지역사회에 환원하는 이유가 있나요? 처음부터 지역과 함께하는 청사진을 꿈꿨습니다. 양조장 뱅크크릭브루잉이라는 이름 역시 '제천'의 뜻을 영어로 고스란히 옮겨놓은 것이죠. 맥주 하나로 단 2주 만에 2만여 명의 관광객을 불러 모으고, 50억 원 가까이 지역 경제에 이바지하는 '러시안 리버 브루어리'가 롤모델이었어요.

크래프트 맥주의 인기 덕분인지 꽤 대단한 성과를 거두었다고 평가받고 있습니다. 2018년에 3억 원의 매출을 달성했습니다. 2019년 3월, 벨기에 국왕 부부 방한 때는 기업 대표로 청와대에 초청받았고, 만찬 테이블에 '솔티8'과 '솔티 오리지널 브라운'을 올릴 수 있었지요. 그러나 최근 2년간 재정비 시간을 가졌습니다. 제품의 퀄리티를 높이고 재료 국산화를 통해 최초의 '코리안 에일'을 만들기 위해서요.

최초의 코리안 에일이란 어떤 의미인가요? 양조장 초창기에 홉 묘목을 들여와 마을 주민들과 홉 농사를 지었어요. 하지만 완성된 맥주에 홉 함유량은 몇 퍼센트 되지 않기 때문에 국산 맥주로 인정받을 수 없고, 한살림이나 농협 같은 곳에서 판매할 수 없었죠. 제품의 70% 이상 국내산 재료를 사용해야 한다더라고요. 그래서 전라도 일대 농가들과 협약을 맺고 국내산 맥주보리를 재배하기 시작했습니다. 재료 국산화에 이어 품질 향상을 위해 연구하고 있습니다.

수제 맥주 양조로 시작해 맥주보리 농사까지, 이곳에서도 커리어는 점점 확장되고 있는 것 같습니다. 처음에는 안정적인 삶을 위해 선택한 시골 생활이긴 하지만, 막상 어떤 분야의 전문가가 되어 그 일에 몰입하는 것은 시골이나 도시나 마찬가지일 것 같아요. 저는 대한민국 맥주 시장 점유율 5%를 목표로 삼고 있습니다. 차별화와 독특한 맛을 앞세워 도수 12%, 17%의 상품 개발도 이어가고 있고요. 농지 약 6,600m²(2,500평)에서 수확하는 홉으로 만든 맥주를 마시기 위해 찾아오는 사람들로 제천이 보다 활기를 띨 수 있도록 최선을 다할 겁니다. Ⓙ

뱅크크릭 브루잉 www.facebook.com/bankcreek

시골에서는 취미도 일처럼,
일도 취미처럼

서천 소운예방 박용운·김소연

남편은 군산에서, 아내는 용인에서 살던 주말 부부는 떨어져 있는 시간 동안 목공이라는 공통의 취미를 찾았다. 퇴직 이후에도 계속된 목공에 대한 열정은 그들에게 새로운 직업과 새로운 사람, 그리고 새로운 삶의 터전을 안겨주었다.

어떻게 서천까지 내려오셨나요? 계획을 하고 내려온 건 아니었어요. 둘 다 좋아하는 일을 본격적으로 하려다 보니 여기까지 오게 되었네요. 원래는 남편의 직장이 있던 경기도 용인에서 온 가족이 살았지요. 그러다 직장이 이전하면서 혼자 군산에 내려가 1년을 지냈어요. 아무 연고도 없는 곳에서 홀로 지내다 보니 취미를 찾게 되었고, 기계설계학 전공자 특유의 손재주를 살려 목공예를 시작했지요.

이후 가족도 합류한 건가요? 1년 뒤 온 가족이 이곳에 내려왔고, 남편은 여기서 정년퇴직을 했어요. 다시 용인으로 올라갈까 하다가 좋아하는 목공 일을 하면서 정착하는 게 어떨까 싶었죠. 도시로 나가봐야 또 고생만 할 테니 여기서 노후 생활을 즐기자는 마음이었어요. 저도 미술 전공자다 보니 군산에 정착한 후 자연스럽게 함께 목공을 배우기 시작했어요. 퇴직 후 목공예를 본격적으로 하게 되면서 작업실이 필요했고, 군산 근처의 한적하고 저렴한 곳을 물색하다 마침내 이곳 서천군 마서면 도삼리로 오게 된 거죠.

시골에 목공예 작업실을 연 거군요. 마을에서 작은 건물 하나를 임대해 작업실로 썼어요. 마을 사람들은 저희를 보고 '뭐 하는 사람들인가' 궁금했을 거예요. 작업을 하다 보면 마을 이장님, 할머님들 할 것 없이 작업실을 기웃거리다가 "여긴 뭐 하는 데요?"라고 물어보셨으니까요. 경계의 눈초리가 없었다면 거짓말이죠. 워낙 작은 마을이기도 하고, 어른들에게는 우리가 완전히 이방인이었을 테니까요. 게다가 농사를 짓는 것도 아니고, 작업실에서 온종일 나무를 만지고 있으니 얼마나 이상했겠어요.

어떻게 마을 사람들의 마음을 얻었나요? 고장 난 문을 고쳐주기도 하고, 무료로 가구를 만들어주기도 하면서 저희가 할 수 있는 일을 했어요. 그러자 마을에 소문이 퍼지면서 작업실을 찾는 사람도 많아졌죠. 마을 어른들은 상이며 의자며 고장 난 생활 집기를 들고 저희를 찾아오셨죠. 어느 날 동네 어르신이 TV 올려놓을 선반을 하나 만들어달라고 오셨어요. 그래서 "그건 재료비가 비싸 가격이 좀 나가는데요"라고 말씀드렸더니, "비싸봤자 얼마나 비싸냐" 하시면서 3만 원을 주고 가버리시더라고요. TV 선반은 아무리 싸게 만들어도 40만 원대거든요(웃음). 그런데 둘이 상의한 끝에 그냥 만들어드리기로 했어요. 좋은 재료로 정성스럽게 만든 TV 선반과 3만 원을 함께 돌려드렸죠. 어르신이 써보시더니 정말 튼튼하게 잘 만들었다면서 가을에 수확한 고구마 세 박스를 가져오셨어요. 이런 일이 하나하나 쌓이면서 마음의 벽이 허물어진 것 같아요.

서로 마음이 열리는 순간이었군요. 이후로 마을 사람들이 선의를 많이 베풀어주셨어요. 새로운 작업실을 찾을 때는 매물로 나온 좋은 땅을 소개해 줬고, 작업실을 짓는 동안에는 마을회관 2층을 내주셨죠. 공짜나 다름없는 월세를 내며 마을회관에서 1년을 지냈어요. 그렇게 2015년에 완성된 작업실이 바로 지금의 '소운예방'이에요.

서천군에서 꽤 유명한 인사라고 들었습니다. 학교 체험 학습 수업을 바탕으로 인근 귀농귀촌종합센터 등 여러 단체에서 강연 요청이 들어옵니다. 강연 수입은 월

평균 300만 원 정도예요. 평일에는 거의 매일 관내 학교에서 수업을 하니까요. 300만 원 중에서 월 재료비 100만 원을 제하고 200만 원 정도가 순수익이라고 봐야겠죠. 그걸로 공과금 내고 식비 지출하고 충분히 생활하고 있습니다. 여기서 살아보니 한 달 생활비가 100만 원이면 충분하더라고요.

지금 생활에 얼마나 만족하나요? '너무' 만족스럽죠. 좋아서 시작한 일이 생계가 되고, 사람들과 함께할 수 있는 일이 됐으니까요. 더욱이 이곳에서 더 해보고 싶은 꿈이 있어요. 우리 공방의 동아리 사람들과 함께 서천군에 목공 학교를 세우고 싶어요. 누구든 찾아와서 목공을 체험할 수 있는 공간이요. 그곳은 목공을 배우고 싶은 사람들이 서천을 찾게 하는 원동력이 될 수도 있고, 마을 공동 시설을 만드는 제작소가 될 수도 있겠죠. 몇 년 전부터 조금씩 준비하고 있어요. 요즘 저희 부부가 가장 이루고 싶은 꿈입니다. ⓙ

시골로 삶의 터전을 살짝 옮겨왔을 뿐인데
좋아하는 일도 돈도 벌고, 이 나이에 아주 멋진 꿈도 생겼습니다.

은행 지점장이
퇴직 후 지리산으로 들어간 까닭

구례 노고단 게스트하우스&호텔 정영혁

명예퇴직금을 마다하고 서둘러 퇴직해 지리산 앞에 게스트하우스를 연 정영혁 씨. 몇 년만 더 일하면 차곡차곡 쌓인 퇴직금과 박수를 받으며 떠날 수 있었는데 왜 나왔냐고 물으니 "지금 던져야 할 수 있을 것 같았다"라고 답했다.

갑자기 퇴직을 결심한 이유가 궁금합니다. 은행에서 일한 건 24년이지만 산에 다닌 지는 42년 됐어요. 중학교 때부터 국내 산을 섭렵하기 시작했으니까요. 은행에 다니면서도 제 레이더는 늘 산을 향해 있었죠. 퇴직하기 직전까지도 쉬는 날만 되면 국내외 할 것없이 산을 올랐어요. 그러다가 지인이 지리산의 한 온천에 일자리가 하나 났는데 오지 않겠냐고 하더라고요. 제가 입버릇처럼 하던 말이 "백두대간 산맥 한자락에 베이스캠프 차리고 인생 후반전을 살고 싶다"였거든요. 그 제안을 받으니 이 때다 싶었죠. 딱 두 가지만 내려놓으면 지리산에 갈 수 있겠더라고요. 바로 돈과 사회적 지위였지요. 딱 하루 고민하고 퇴직을 선언했습니다. 5년 빠른 정년이었고, 명예퇴직 신청 기간에 퇴직하면 훨씬 많은 퇴직금을 받을 수 있는데 미리 사표를 던지니 다들 제정신이 아니라고 했어요.

돈과 사회적 지위보다 중요한 게 무엇이었나요? 3년 전에 건강이 좋지 않아 큰 수술을 했어요. 설명하기 어렵지만 그때 뭔가 깨달음이 있었어요. 그러다가 생각이

완전히 바뀐 건 히말라야에 다녀온 후예요. 히말라야 원주민들은 정말 가난해요. 세계 경제력 규모를 보면 뒤에서 3등 정도랄까요? 그런데 삶의 만족도는 세계 랭킹 선두에 있어요. 그렇게 관광객이 몰리는 상업 지역이어도 돈에 휘둘리지 않고 만족하며 사는 모습을 보고 큰 충격을 받았죠. 그때부터 사람답게 사는 일, 무엇보다 삶의 질을 높이는 게 가장 중요하다는 걸 알았습니다.

가족들은 뭐라고 하던가요? 연애할 때부터 배낭 하나 메고 산에 가는 걸 좋아했고 하고 싶은 건 해야 하는 성미라는 걸 아니까 아내는 덤덤하게 지원해 줬어요. 가족들은 지금 서울에 있어서 한 달에 한 번 정도 만나는데 아주 좋아요. 쉰 살이 넘으면 각자 하고 싶은 일 하면서 사는 게 사랑이고 평화더라고요(웃음).

지리산으로 와서 어떤 일을 했나요? 일단 온천에서 관리직으로 일하면서 지리산에 정착하기 위해 다양한 시도를 했어요. 세계 맥줏집, 편의점, 치킨집까지 열어봤는데 다 망했죠. 공중에 날린 돈을 합하면 수억 될 거예요. 어차피 마음먹고 도전해 본 거라 다 괜찮았는데, 가장 슬펐던 건 사람 때문이었어요. 선의로 한 일을 안 좋게 받아들이는 등 사람으로 인해 생각지도 못한 어려운 일이 정말 많았죠. 비싼 수업료 내고 사람 공부 했다고 생각합니다.

'노고단 게스트하우스&호텔'은 어떤 계기로 열게 됐나요? 지리산에 들어온 지 3년 정도 되니까 진짜 꿈꾸던 내 일을 해야겠다는 생각이 들더군요. 제가 워낙 산을 좋아해서 저 같은 사람을 위한 베이스캠프를 만들고 싶었어요. 그런 와중에 지금 이 건물을 만나게 됐죠. 지리산 온천이 관광특구가 된 지 23년 됐는데 그 시점에 지은 지 오래된 모텔을 고친 거예요. 3개월 동안 매일 리모델링 전문가를 한 명 한 명 만나서 의논하고 잔소리(?)하면서 콘셉트에 맞게 고친 끝에 문을 열었습니다.

힘든 점도 많을 것 같아요. 일단 겨울 추위가 엄청났어요. 집에 있어도 턱이 덜덜 떨릴 정도라 웬만큼 건강한 사람 아니고는 버티기 힘들다 생각했어요. 사람도 힘들더군요. 게스트하우스 문을 열기 전 3년 동안 지리산에서 이런 사람 저런 사람

겪으며 예방주사를 맞았다고 생각했는데, 원주민들과 부딪히는 수준이 만만치 않더라고요. 자리 잡아가면서 지금은 괜찮아졌는데 처음에는 고통스러웠어요.

게스트하우스라고 하기에는 규모가 제법 큰데 어떻게 운영하세요? 저랑 청소하시는 분, 펍 담당하시는 분 해서 총 3명이 일하고 있어요. 처음에는 3명을 더 두고 6명이 일했는데 인건비가 안 나오니까 구조 조정을 했죠. 바쁜 시기에는 아르바이트를 씁니다. 숙박업이라는 게 손님이 많을 때나 없을 때나 바쁜 건 똑같더라고요. 하루에 4시간 이상 자본 적 없고 19시간씩 일하고 있더라고요. 은행에서 이렇게 일했으면 초고속 승진은 따놓은 당상이었을 거예요(웃음).

수익은 괜찮나요? 처음 문 열 때 3년은 투자하겠다 했는데 진짜 3년 동안 마이너스였어요. 이제 간신히 '똔똔'이 됐어요. 앞으로 더 괜찮을 거라고 믿는 이유가 '지리산 게스트하우스'라고 검색하면 우리 노고단 게스트하우스&호텔이 제일 먼저 나오고 평점도 높아요. 또 재방문하는 고객도 많고요. 딸이 왔다 가면 다음에 엄마와 함께 오고, 회사 연수차 왔다가 다시 가족과 함께 찾으세요.

재방문율이 높은 이유가 무엇일까요? 우리 게스트하우스는 걷기를 좋아하는 사람들에게 인기가 많아요. 지리산 등산이나 종주, 둘레길을 걷고 싶어 하는 분들이 찾아주시는데, 깔끔하게 딱 필요한 것만 가져다놓고 등반에 집중할 수 있는 가성비 좋은 숙박 시설로 으뜸이거든요. 또 걷기 후에 온천을 즐길 수 있는 인프라도 마련해 놔서 많이 좋아하시더라고요. 그리고 제가 지리산에 수없이 올랐던 만큼 알짜 정보를 많이 알려주고, 원하는 사람에게는 가이드도 해줘요. 해외 숙박 예약 사이트를 통해 우리 게스트하우스를 알고 찾아온 외국인들이 남긴 평을 보면 고급 정보를 알려줘서 지리산 종주 잘했다는 후기가 엄청 많아요.

은퇴를 앞두고 자연인을 꿈꾸는 분들이 많이 부러워할 것 같아요. 저를 만나는 중년 남자들 대부분이 다 부럽다고 해요. 퇴직 후에 공기 좋은 곳에 와서 하고 싶은 거 하면서 사니까요. 그런데 이게 쉽지 않아요. 준비가 되어 있어야지 막연하게 귀

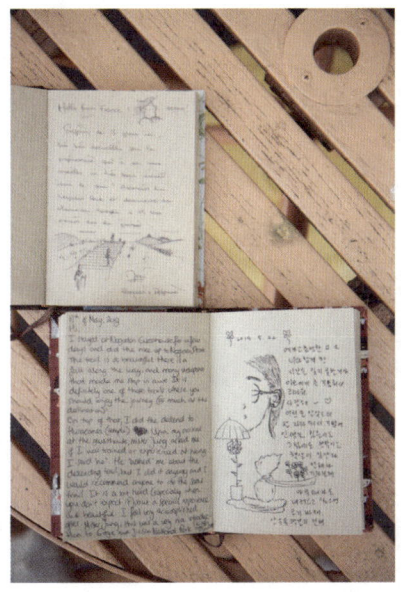

농, 귀촌한다 생각하면 백전백패예요. 저도 가진 거 올인하고 이걸로 남은 생을 살아야 하니까 하루하루 치열하게 살고 있어요.

노고단 게스트하우스&호텔이 어떤 공간이 되길 바라나요? 숙박업은 시간이 지나면 리모델링으로 돈이 크게 나가서 돈을 벌 수 있는 사업이 아니더라고요. 그런데 제가 히말라야 갔을 때 아주 인상 깊었던 게 있었어요. 여행자들이 로지에 와서 다녀간 흔적을 곳곳에 남기면 로지 주인장이 오래된 메모를 떼고 새 메모를 붙이는데, 그게 사는 낙이라고 하더군요. 그가 어찌나 부럽던지, 저도 이곳을 여행자들의 아지트처럼 그들의 사진과 내음으로 빼곡히 채우는 게 꿈이에요. 그게 바로 노고단 게스트하우스&호텔의 리모델링인 셈이죠. ●

노고단 게스트하우스&호텔 061-782-1507 nogodanguesthouse.modoo.at

대기업 박차고 시골로,
농사와 도예 두 마리 토끼 잡기

영월 산가락영토 조후연·오지영

조후연 씨는 대한전선과 팬택 등 굵직한 기업에서 자금 관리를 담당했다. IMF 외환 위기로 기업들의 경영 환경이 악화되자 그는 새로운 변화를 시도했다. 대기업을 그만두고, 도예 활동을 해오던 아내와 함께 영월에 1,900m²(약 600평) 규모의 포도 농장과 도예 공방을 꾸린 것. 공기 좋고 물 좋은 강원도 영월에서 포도 농장과 도자기 공방을 운영 중인 그는 귀농 생활에서 가장 중요한 것으로 '경험'과 '시행착오'를 꼽았다.

회사를 박차고 나올 만큼 귀농 준비를 철저히 한 모양입니다. 무작정 농촌 생활의 로망을 품고 그만둔 것은 아니었습니다. 귀농 전 여러 지역을 돌아다니며 연구한 끝에 수도권과 비교적 근접한 영월을 터전으로 택했고, 1년 동안 전국귀농운동본부의 귀농학교에서 수업을 들으며 만반의 준비를 갖추었지요. 농사에 필요한 시설도 손수 지었습니다.

포도 농사는 잘되고 있습니까? 포도 농장으로 생업을 유지하기 위해서는 평균 6,600~9,900m²(약 2,000~3,000평) 정도가 필요합니다. 혼자 농사를 짓기 때문에 생업보다는 취미 생활 개념으로 농장을 꾸려 가고 있지요. 농사지은 지 10년이 넘은 지금, 포도가 알이 크고 맛 좋다고 소문이 나서 매년 완판되고 있습니다.

첫 농작물로 왜 포도를 선택했나요? 귀농 전 과수원을 하려고 알아보니 수익성이 뛰어나기로는 사과가 제일이었습니다. 하지만 사과는 약도 쳐야 하고, 겨울까지 꾸준한 관리가 필요했지요. 반면 포도는 수익성은 사과보다 조금 떨어져도 비교적 손이 덜 가는 편이었습니다. 초보 농부에게 적합한 품종이었죠. 하지만 이론과 현실은 너무도 달랐습니다. 농사를 시작한 첫해는 수확에 실패했지요.

직접 부딪혀보니 포도 농사에서 가장 중요한 것은 무엇이던가요? 포도 농사는 육체적으로 크게 힘들진 않지만 부지런히 관리해야 해요. 무엇보다 중요한 것은 알 솎기죠. 알이 너무 많이 나게 두면 자라면서 터지기도 하거든요. 또 신속하게 작업하는 것도 중요합니다. 송이 하나하나 관리해야 하고, 시간도 꽤 걸리는데 앞줄을 끝내면 뒷줄에 있는 포도는 이미 작업하기 너무 늦은 상태가 되기도 하거든요. 몇 년의 시행착오를 거쳐 현재는 안정적으로 농사를 지어오고 있습니다. 인근 텃밭에 다른 작물도 기르고 있고, 수확한 포도로 와인을 만드는 법도 배웠지요.

포도 농장 옆에 도예 공방도 운영하고 있네요? 도예 공방은 아내가 도시에서 살 때부터 꿈꿔오던 것이었어요. 초반에는 작품 활동 위주로 꾸려가다가 수강생을 받기로 했지요. 인근에 여행 와서 일일 체험을 하는 가족 단위 수강생이 많은 편입니다. 단체로 오는 중·고교생과 5~7년간 꾸준히 장기 수강하는 수강생도 있고, 외부로 출강을 나가기도 합니다. 수강생의 연령과 실력에 맞춘 다양한 클래스를 운영하고 있어요. 실질적인 수익은 대부분 공방에서 나옵니다.

도시에서도 부부가 함께 도예를 했나요? 전혀요. 여기 와서 처음에는 도자기를 굽는 가마에 나무 때는 역할만 하다가 차차 실력을 쌓아서 현재는 그릇과 찻잔에 그림을 그리는 수준까지 발전했지요. 도예의 매력은 예측 불가에 있습니다. 최선을 다해서 만들지만, 언제나 결과물은 예상에서 조금 벗어나기 때문이지요. 가마에 구운 도자기가 예상한 대로 완성되는 일은 많지 않아요. 모양이 달라지고, 심지어 깨지는 경우도 있죠. 작품이 상상과 근접하게 완성되면서도 약간의 변화가 있는 것, 그것 때문에 계속 도예를 하게 됩니다.

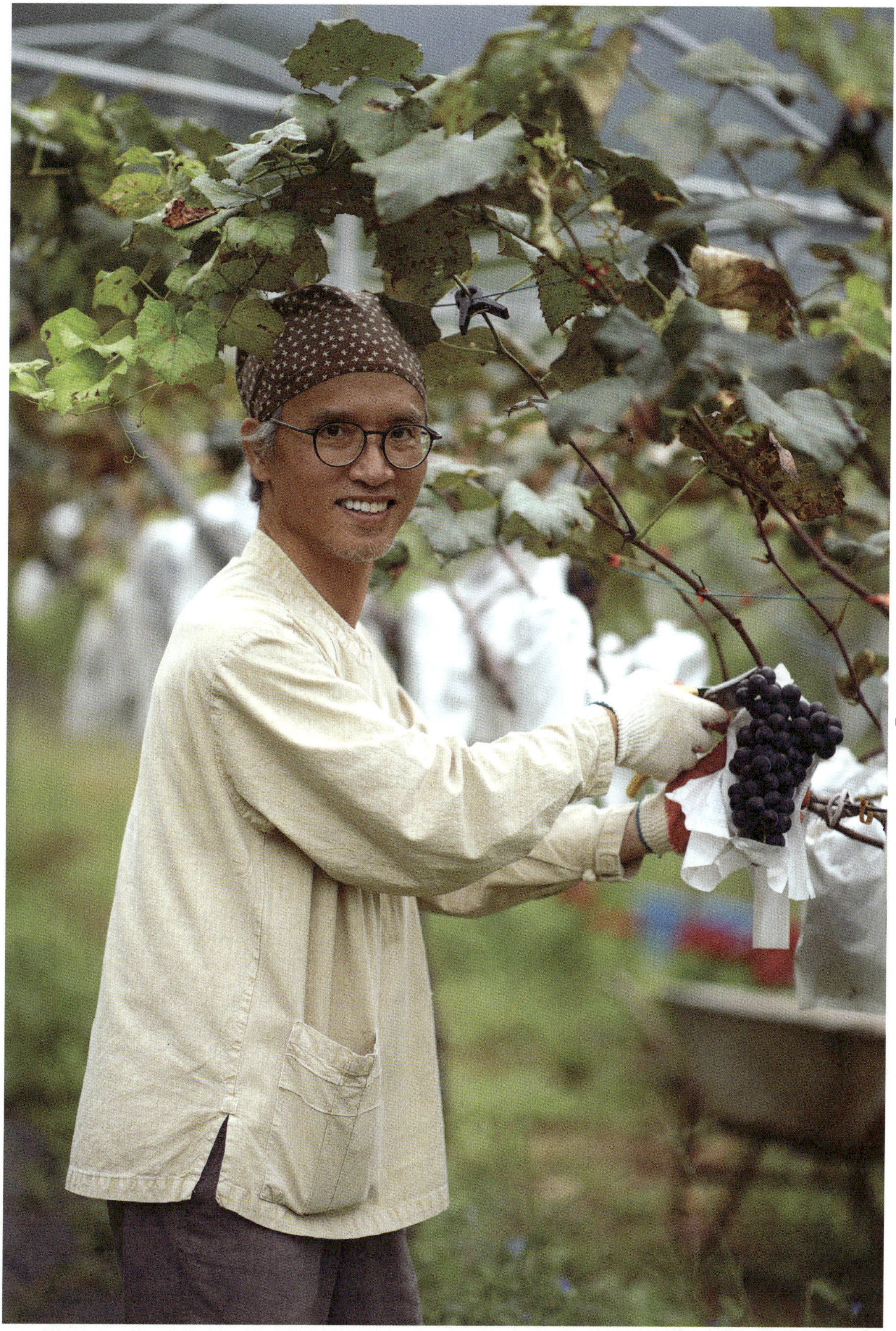

요즘은 어떤 도자기를 빚고 있나요? 최근에는 사회적 농업이 화두라 도예와 농사를 연계해 화초를 재배하고 화분을 만드는 수업을 하고 있습니다. 허브와 꽃을 관찰하고 설명해 주면 학생들은 도자기에 그림을 그리는 방식인데, 반응이 좋습니다. 아무래도 농사와 공방 운영을 병행하고 있다 보니 일손이 많이 가기는 하지만 즐겁습니다.

귀농했지만 농부보다 도예가 쪽에 더 가까워 보입니다. 한때는 시골에 살면 꼭 농사를 지어야 한다고 여겼는데, 이제는 생각이 달라졌습니다. 도시를 떠나보니 가장 좋은 점은 하고 싶은 일을 마음 편하게 하는 것임을 깨달았기 때문이죠.

인생 후반부에 전원생활을 꿈꾸는 사람들에게 조언을 해주신다면요. 무엇이든 경험이 가장 중요합니다. 농사와 전원생활도 마찬가지요. 최근에는 귀농 전 철저히 준비하고 농사도 대규모로 시작하는 젊은 분들이 많은데, 이는 양날의 검과 같아요. 많이 투자했다가 실패할 경우 그만큼 부담이 큽니다. 농사를 짓다 보면 미처 생각지 못했던 현실적인 문제들이 따르기도 하니까요. 작은 규모로 시작해 경험을 쌓은 후 조금씩 규모를 늘려가는 것이 좋겠습니다.

포도 농사와 도예 공방 외에 시골에서 더 해보고 싶은 것이 있나요? 정원 속 예술학교를 만들고 싶어요. 밭을 가꿔 아름다운 정원처럼 꾸미고, 공방은 도예를 하고 공부도 할 수 있는 공간으로 만드는 것이죠. 도자기를 전시하는 공간도 늘리고 싶습니다. 하고 싶은 것이 많아요. 무엇보다 처음 귀농을 제안했을 때 반신반의하면서도 동의해 준 아내에게 여기 와서 함께 잘 살아줘서 고맙다고 말하고 싶습니다. Ⓙ

연봉 1억 전직 은행원,
차와 함께 고향으로

정읍 차샘정읍 정명성

20년째 은행원 생활을 하던 어느 날, 당시 마흔일곱 살의 정명성 대표는 과감하게 퇴직을 선언했다. 우연히 접한 차(茶)에 완전히 매료되었기 때문이다. 남은 인생을 차와 함께하기로 결심한 정 대표는 서울살이를 정리하고 정읍으로 내려갔다.

언제부터 차에 매료되었나요? 퇴직하기 7년 전인 2003년부터였어요. 하루 열 잔씩 입에 커피를 달고 살았는데, 우연히 차를 접한 뒤 향긋한 차 맛은 물론이고 차를 마시며 도란도란 대화를 나누는 차 문화에 반해버렸죠.

차를 따로 공부했나요? 동국대학교 불교대학원 차문화콘텐츠학과에 입학해 전문적으로 차 공부에 매진했죠. 시중에 있는 차 관련 서적은 닥치는 대로 읽어서, 지금까지 책값으로만 2억 원은 썼을 겁니다. 차 사업에도 뛰어들었습니다. 은행원 시절 연봉이 적지 않은 편이었고, 퇴직금도 있었으니 한 번은 망해도 괜찮겠다 싶었죠. 주변에선 당연히 말렸지만, 저는 100세 시대에 새로운 인생을 시작하려면 적어도 40대에는 다른 일을 찾아야 한다고 생각했어요.

차 사업은 잘되었습니까? 20년간 몸담았던 은행을 2010년에 그만두고, 대학원에서 만난 교수와 함께 인사동에 찻집을 열었어요. 2년 정도 꽤 안정적으로 운영

했죠. 하지만 마음 한쪽에는 언제나 고향 정읍에 대한 향수가 있었어요. 고향에서 인생 2막을 열어야겠다고 결심했고, 결국 인사동 찻집을 동업자에게 모두 넘기고 정읍으로 내려왔습니다.

고향에 내려와 어려움은 없었습니까? 어머님, 누님 등 가족들이 계속 살고 있어서 자리 잡는 데 어려움은 없었습니다. 단지 마음속에 꿈처럼 남아 있던 어릴 적 정읍의 기억과 수십 년이 지난 지금 정읍의 모습이 다르다 보니 스스로 적응하는 기간이 필요했어요.

고향에서 차 사업을 하기로 결심한 이유는 무엇인가요? 정읍은 예부터 사람들이 모임을 하면 밥, 술 다음에 3차로 차를 마신다고 할 만큼 차를 즐기는 문화가 뿌리내리고 있습니다. 또 한국에서 차로 유명한 보성, 하동과 더불어 1,000년을 이어온 차밭이 넓게 자리하고 있는 지역이기도 하고요. 주민들의 차 수요와 이해도가 높고, 품질 좋은 차를 가까이에서 공급받을 수 있으니 승산이 있다 싶었죠. 2003년 차에 대한 호기심이 넘쳐나던 때부터 정읍의 여러 차밭을 수시로 오가며 사장님들과 관계를 쌓아왔어요. 차에 대해 잘 아는 고향 사람들에게 품질 좋은 차밭도 계속 소개받았고, 고향으로 내려오라는 권유도 여러 차례 받았습니다. 그렇게 퇴직 후 정읍에 가기까지 10여 년간 천천히 차 사업 준비를 한 셈이죠.

어떤 사업 아이디어가 있었나요? 정읍 사람들이 워낙 차를 많이 마시니 티백으로 만들어 간편화하면 어떨까 생각했어요. 차밭이 많으니 좋은 찻잎을 갖고 오는 데는 자신 있었으니 공장을 빌려 직접 차를 덖고 먹기 편한 티백으로 만들자는 아이디어였죠. 정읍 특산품인 구절차와 대중적으로 좋아하는 홍차를 블렌딩해 티백 제품 '구홍차'를 만들었습니다. 홍차 베이스에 구절차 향이 나니 처음에는 반응이 너무 좋았습니다. 그런데 2~3년 후부터 티백 재고가 급격히 쌓여가고 돈은 물새듯 샜습니다. 한마디로 망한 거죠.

이유가 뭔가요? 일단 새로운 제품으로 사람들의 관심을 끄는 데는 성공했지만,

차를 꾸준히 즐기는 진성 고객들은 티백의 편리함보다 고급 찻잎과 차를 내려 마시는 행위 자체에 가치를 두기 때문이지요. 10여 년간 준비한 사업이 한순간에 무너지는 느낌이었어요. 그래도 차 사업을 포기하지 않았습니다. 금전적으로 큰 손해를 봤지만 차에 대한 애정은 쉽게 식지 않았거든요. 대학원에서 만난 교수들의 권유로 2015년부터 각 지자체의 차 문화 행사, 농림축산식품부 박람회, 세계 차 품평회 등의 기획과 진행을 맡게 되었어요. 각 행사마다 수십 장이 넘는 기획안을 직접 만들고 발표하기를 반복하면서 박람회 기획자로 일하며 돈을 모았죠.

지금의 차 공방은 언제 열었나요? 정읍 시내에 '차샘정읍'을 연 건 2018년이었습니다. 월세와 인테리어에 1,000만 원, 판매용 차와 다구 등을 들여놓는 데 1,000만 원 등 총 2,000천만 원으로 문을 열었어요. 아무래도 시골이니 월세나 인테리어 비용도 저렴하고, 이 두 가지 외에 다른 것엔 큰돈이 들지 않았죠.

차 공방의 수익 구조는 어떻게 되나요? 기존처럼 찻잎을 받아와 덖고 제품화하지 않습니다. 대신 찻집, 클래스, 차와 다구 판매 세 가지로 수익을 내지요. 주 수입은 차와 다구 판매이고, 찻집이나 클래스는 크게 남는 게 없어요. 그럴 수밖에 없는 것이 서울에서는 한 잔에 6,000~7,000원 받는 고급 보이차도 이곳에서는 3,000원에 원하는 만큼 즐기다 갈 수 있기 때문이지요. 찻집이라고 말하지만 동네 사랑방처럼 주민들이 오가며 담소를 나누는 공간인 셈이에요.

차 공방을 운영하는 방식이 독특하다고요. 이곳에서는 손님이 직접 원하는 차와 다구를 골라 차를 내리고 계산도 합니다. 제가 가게를 비울 때는 문도 직접 열고 들어가 차를 마실 수 있으니까 무인 찻집인 셈이죠. 단골손님들의 성화에 차 클래스도 매주 2회, 아침과 저녁에 1시간 30분씩 4~5명 정도 소규모로 운영합니다. 찻값을 포함해 아침반 5,000원, 저녁반 1만 원을 받고 있으니 이윤이 남는 장사는 아니지요.

고향으로 방향을 돌린 결정에 대해 스스로 평가를 해본다면요? 현재 순수익은

월 300만 원 정도예요. 거의 차와 다구 판매로 유지합니다. 초기 자본이 많이 들어간 것도 아니고, 찻집 좌석이 많지도 않으니 이 지역에서 이 정도 수익이면 나쁘지 않죠. 성공의 기준을 금전적인 것에 두지 않는다면 저는 성공했다고 봐요. 삶도 충분히 만족스럽고요. 정읍에서도 '차' 하면 정명성을 떠올리고, 제가 고른 차는 믿고 마시니까요. 무엇보다 작은 공간이지만 사람들이 만나 이야기를 나눌 수 있으니 상당히 가치 있는 인생을 살고 있다는 생각이 듭니다. Ｊ

차샘정읍 전라북도 정읍시 초산로 96-1

트렌디한 공연 기획자가
산골 폐교에서 사는 이유

평창 감자꽃 스튜디오 이선철

공연 기획과 매니지먼트 일에 뜻을 품었던 이선철 대표는 20대부터 김덕수 사물놀이패에서 기획 업무를 시작해 자우림, 긱스, 이한철 등 많은 뮤지션을 이끄는 소속사 대표로 일하며 공연 문화계에서 활발하게 활동했다. 그런 그가 한창 일할 시기인 30대 중반에 돌연 강원도 평창의 폐교로 들어갔다. 대중문화를 선도하는 서울 한복판에서 대중문화로부터 가장 소외된 산골 폐교로 삶의 터전을 옮기기까지 그에게 어떤 이야기가 있었을까?

대중음악 기획자로 잘나가던 시기였는데 갑자기 서울을 떠난 이유가 궁금합니다.
솔직히 말하면 살 빼려고 왔습니다(웃음). 뇌경색 증상이 있어서 의사가 체중을 줄이고 쉬면서 몸을 추슬러야 한다고 경고와도 같은 숙제를 줬는데, 서울에서 계속 똑같이 살면서는 도저히 그 숙제를 해결하지 못할 것 같았어요. 서울에서 오랫동안 맺어놓은 인간관계나 벌여놓은 비즈니스가 있으니 어느 순간 몸 챙기는 건 미루고 또 원래대로 살고 있더라고요. 그래서 아예 서울을 떠나야겠다는 과감한 결정을 내렸죠. 당시에 스콧 니어링 같은 생태주의자들을 동경한 데다 강원도를 좋아했고, 또 폐교를 이용해서 프로젝트를 해본 적이 있어서 알아보던 중 지금의 자리를 찾았죠.

더 좋은 보금자리도 있었을 텐데요. 매니지먼트계에서 나오고 보니 수중에 850만 원이 있더라고요. 그중 500만 원으로 폐교를 1년간 빌리고 남은 돈으로는 교실 한 칸을 거처로 바꾸기 위해 온돌을 깔고 샤워 시설을 만들었어요.

산골짝에 숨어 있는데도 경험과 재능을 알아본 사람이 많았다고요. 덕분에 이곳에서 충분한 휴식을 취하며 공백기를 가지고 나서도 이런저런 일을 다시 시작하게 되었죠. 위탁을 받아 동네 아이들에게 악기를 가르쳐서 밴드로 키우고, 근처 학교에서는 전교생에게 국악을 가르치고. 조금씩 입소문이 나면서 주민들을 위한 일도 시도했어요. 그러다 보니 폐교 공간이 지역 주민들에게 문화 예술 프로그램을 제공하는 공간 '감자꽃스튜디오'로 재탄생하게 된 거죠. 현재는 지역에서 예산을 지원받아 폐교를 수리하고 저는 위탁 운영을 하고 있어요.

외지 사람이나 여행객도 만나고 있나요? 입소문이 나면서 와보고 싶어 하는 분들에게는 강의도 해드리는데, 감자꽃스튜디오에서 숙식을 제공하진 않고 마을의 펜션이나 식당, 카페 등을 연계해 드리고 있어요. 이제는 어느 정도 시스템이 갖춰져

서 서로 협력이 잘돼요. 숙박할 곳을 먼저 예약하고 연락을 해오는 경우도 있는걸요(웃음).

건강을 찾아 삶의 터전을 바꿨는데, 새로운 일도 얻게 되었네요. 얻은 만큼 이 마을에 어느 정도 보답을 한 것 같습니다. 감자꽃스튜디오에서 이뤄지는 일들이 단순히 농촌 관광의 성공 사례 정도로 알려지는 건 원하지 않아요. 인구가 많지 않은 작은 마을에서 이룬 대단한 일인 양 포장할 필요도 없고요. 이 공간에서 어떤 영향력이 생긴다면 그건 마을 주민들의 것이고, 그게 제가 할 수 있는 최선이라고 믿고 있어요. 최근에는 마을 청년들과 새로운 사업을 시도하고 있어요. 빈 가게들을 임대해서 새로운 사업을 할 수 있도록 저의 인적 네트워크를 동원해 돕는 일이죠. 계획에 없이 우연한 기회로 서울을 떠나 평창의 작은 마을에 발을 들였지만, 지역에 활기를 불어넣는 일을 꾸미는 게 즐겁고 뿌듯합니다. 서울에 계속 있었다면 이렇게 새로운 공간에서 새로운 사람들과 교류할 기회가 없었을 거예요. 살면서 그런 과감한 결정을 한 번쯤은 해볼 필요가 있다는 생각이 듭니다. **J**

서울에 계속 있었다면 이렇게 새로운 삶의 공간과 기회도 없었겠죠.
삶에서 한 번쯤은 *과감한 결정이 필요하다는* 생각이 듭니다.

부모님의 정원 위에 지은
세상에 하나뿐인 카페

홍천 러스틱라이프 고병율

강원도 홍천군 동면 수타사 가는 길을 지나 굽이굽이 산골짜기 외길을 오르면 '모네의 정원'이 연상되는 아름다운 숲속 정원이 모습을 드러낸다. 그리고 그 안에 몸과 마음을 푹 쉬고픈 공간 '러스틱라이프'가 있다. 목수 고병율 씨가 숲해설가 부모님의 20년 된 정원에 직접 건물을 짓고 가구를 만들어 운영하는 카페다.

카페 이름을 러스틱라이프라고 지은 이유가 있나요? '러스틱(rustic)'의 의미처럼 시골스러우면서도 부모님이 오랫동안 가꾼 한국적인 정원 분위기를 살릴 수 있는 공간을 만들고 싶었죠. 그래서 공간 콘셉트를 그리고 지우는 과정에만 6개월을 투자했어요. 사실 모든 구상이 끝난 뒤 큰 골조를 짜는 데 1개월이면 충분했지만, 생각해 온 러스틱라이프를 완성하기 위해 가구를 직접 만들고 인테리어까지 손수 하다 보니 정식 오픈까지 1년여의 시간이 걸렸죠. 물론 여전히 이곳저곳 손을 보고 있습니다. 부모님이 조금씩 정성을 쏟아 정원을 가꿨듯, 저도 더디지만 천천히 공간을 채워나가고 있는 것이죠.

카페 문을 여니 직접 만든 가구들이 먼저 눈에 띄더군요. 중앙에 위치한 널찍한 평상 형태의 좌석은 어린 시절 할아버지 댁 툇마루에 앉아 놀던 기억을 떠올리며 만들었어요. 사실 이런 구조는 공간을 많이 차지한다는 단점 때문에 대부분의 카페들이 꺼리지만, 저는 어렴풋하지만 따뜻하게 남아 있는 어릴 적 추억을 손님들과 나누고 싶었거든요. 작은 숲속을 꾸민 테라리움 테이블, 맷돌 모티프의 탁자, 자갈이 깔린 바닥, 한복 소재의 오브제 등을 인테리어 요소로 활용해 한국적인 정겨운 분위기를 강조했지요. 커피도 머신을 쓰지 않고 오직 드립으로만 내린다는 원칙을 고수하고 있어요. 한적한 시골 분위기를 자아내기 위해 손이 많이 가더라도 잡음을 내고 싶지 않았거든요.

이곳의 시그너처 메뉴는 무엇인가요? 꿀오미자와 오미자에이드입니다. 홍천 특산물인 오미자와 아버지가 직접 양봉한 꿀로 만든 음료지요. 홍천에서 나는 로컬 식재료를 최대한 활용해 이곳만의 특별함을 더하고 싶었습니다.

왜 시골로 오게 되었나요? 저는 너무 열심히 일하지 않는, 삶의 균형이 맞는 소박한 삶을 지향해요. 그런 제 생각과 취향을 존중받고, 실현할 수 있는 곳이 시골이었죠. 카페를 열고 싶다는 로망도 없었고, 제가 건축 일을 하게 될 줄도 몰랐어요. 30대 초에 목공을 배운 건 그저 본가인 홍천에서 자리 잡기 위해 나름의 기술이 필요해서였어요. 항상 손볼 곳이 있는 시골에서 굶어 죽지 않을 최고의 기술 중 하나가 바로 목공이었던 거죠. 국비 지원 사업으로 처음 배운 게 한옥 목공이었어요. 처음에는 맞지 않는 일 같아 포기하려고도 했는데 지인을 도와 몇 가지 작업을 진행하니 저의 '감'을 인정해 주는 사람이 생겨나더군요. 자연스럽게 목공에 재미와 보람을 느끼기 시작했고 목조 주택, 인테리어, 정원사 기술에 이르며 5~6년간 배움에 매진했습니다. 이후 정신을 차리고 보니 강원창조경제혁신센터의 청년창업 공간재생 지원사업에 참여해 러스틱라이프를 짓고 있더라고요(웃음).

이곳은 원래 부모님이 가꾸셨다고 들었습니다. 어머니를 가까이에서 보며 느낀 건 정원을 가꾼다는 건 정말 쉬운 일이 아니라는 거예요. 어떤 날은 부모님이 울면서 가꾸기도 했죠. 돈을 벌 생각이었으면 하지 못했을 거라고 하세요. 그저 좋아서 20년간 꽃과 나무를 심고 가꾼 거라고요. 이곳이 지금의 숲속 감성을 낼 수 있었던 것도 이렇게 오랜 시간 자연과 더불어 살아온 부모님 덕분이죠. 러스틱라이프

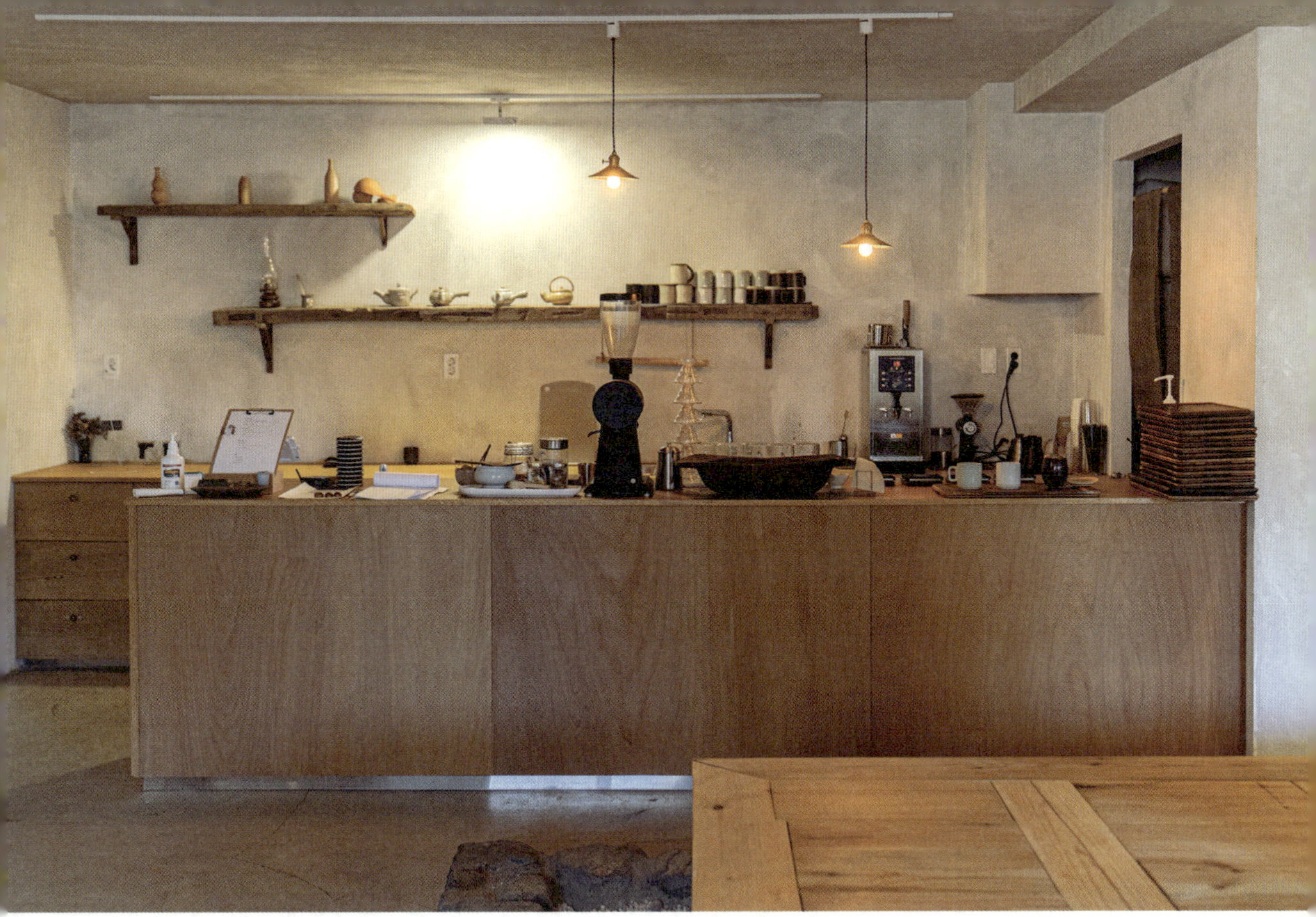

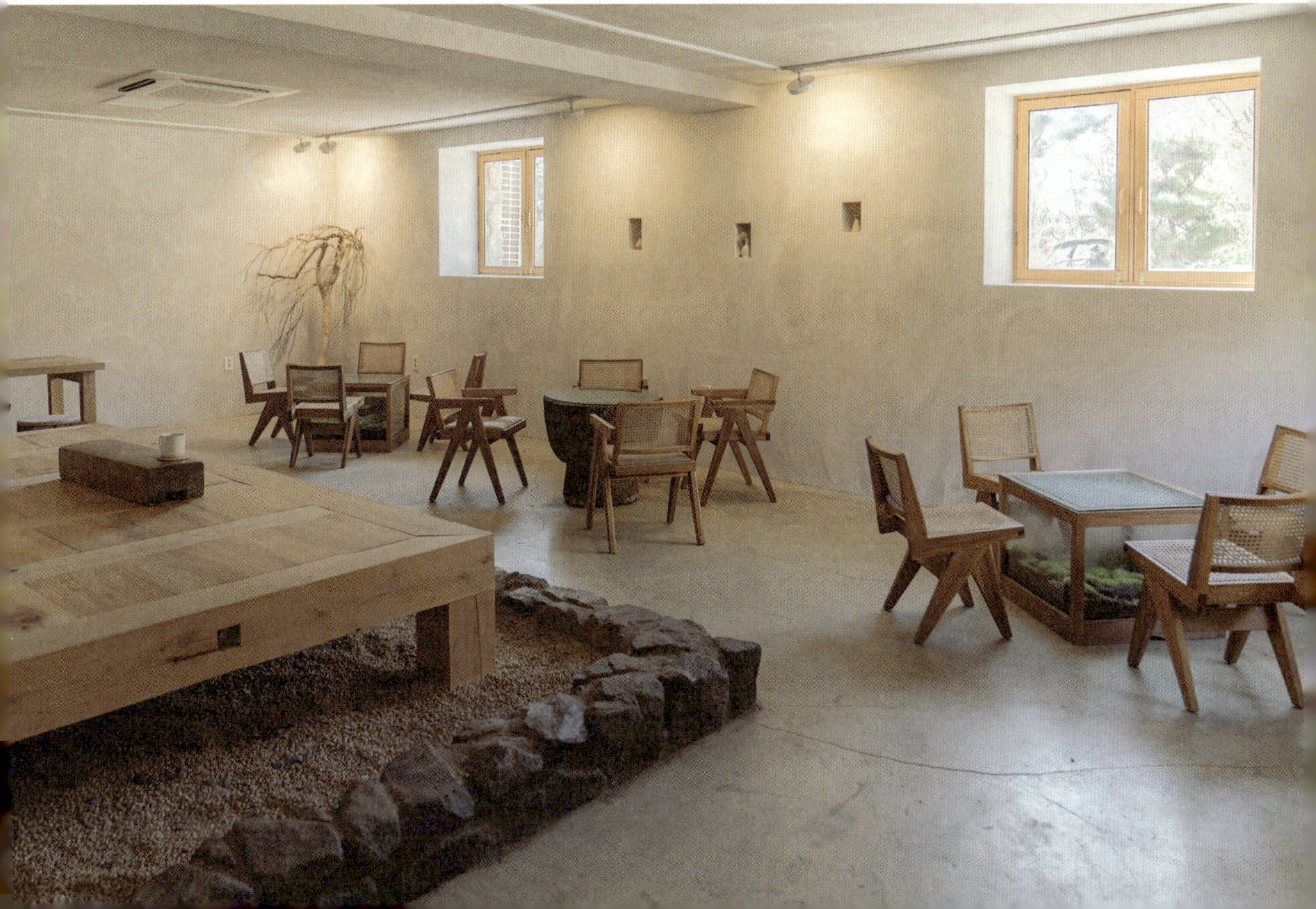

를 둘러싼 4만2,975m²(1만3,000평) 크기의 정원을 가꾸는 건 1년 만에 할 수 없는 일이니까요. 아버지는 강원도청 농업부 국장 출신으로 현재는 숲해설가를 하고 계시고, 어머니 역시 춘천 용화산 숲해설가입니다. 어머니는 아버지가 정년퇴직하기 15년 전 아버지를 설득해 선조 때부터 갖고 있던 터에 집을 짓자고 했대요. 좋아하는 꽃과 나무를 마음껏 만지고 싶으셨다나요. 그리고 여력이 될 때마다 집 주변 산과 땅을 조금씩 사들여 정원을 가꿨죠. 폐비닐이 널브러진 버려진 땅을 20년간 맨손으로 가꾼 셈이에요.

카페를 짓는 과정은 어땠습니까? 러스틱라이프가 들어선 위치는 원래 부모님이 15년 전 집 지을 당시 농업용 창고로 쓰려고 만든 공간이었어요. 방치 상태였던 유휴 시설을 잘 다듬어 개조한 거죠. 하지만 본래 공간의 특색을 유지하기 위해 큰 틀은 허물지 않기로 했어요. 비용 절감 면에서도 탁월한 선택이었죠. 여기에 건물 전면에만 작은 돌로 기둥을 세우고, 정원이 잘 보이도록 창을 내는 식으로 시골 분위기를 더했어요. 또 농업용 창고의 평평한 지붕 위에는 화덕, 가마솥, 그늘막 등을 만들어 숲속에 둘러싸인 하나뿐인 야외 테라스를 완성했습니다. 공간에 욕심을 많이 부렸지요. 전문 업체에 맡기는 것이 몸도 마음도 편한 방법이라는 건 알지만 제 머릿속에 있던 공간을 구현하는 데 다른 사람의 손을 빌리고 싶지는 않더라고요.

시골 카페 주인만이 할 수 있는 일이 있을까요? 지금은 주차 공간, 좌석 부족 등 초보 창업자로서 시행착오를 겪고 있지만 하나씩 해결해 나갈 계획입니다. 러스틱 라이프는 발길 닿기 힘든 위치에 있음에도 오픈한 지 1년도 안 되어 각지에서 손님들이 찾아오고 있어요. 감사한 일이지요. 그런 만큼 도시의 카페에서는 해볼 수 없는 것들을 시도해 볼 생각이에요. 아이들을 위한 양봉 체험, 요정 집, 멍하니 별을 구경하는 '별멍', 내추럴 와인을 마시며 즐기는 캠프파이어 등 시골이 아니면 해볼 수 없는 다양한 계획도 갖고 있어요. 다음에 오시면 아마 많이 달라져 있을 겁니다. ⓙ

러스틱 라이프 www.instagram.com/rusticlife_cafe

술 빚어 함께 나누니
기쁠 수밖에

포천 전통주 메이커 김영순

동국대학교 화학과 김영순 명예교수는 2011년 퇴임 후 포천의 전통주 작업장에서 술을 빚고 있다. 사람들과 함께 술을 담그고 나누어 마시는 즐거움이 최고의 낙이라고 말하는 김 교수는 자신이 살고 있는 포천 지역의 이름을 딴 전통주 '이곡주' '광릉주' '소흘약주'를 직접 개발했다. 도라지, 구기자, 솔잎 등이 들어간 이 약주에는 지역을 사랑하는 그의 마음이 고스란히 녹아 있다.

술을 직접 빚을 정도로 애주가인가? 저는 술을 마시지 못해요. 시음할 때 숟가락에 두세 방울 정도 올려 살짝 맛만 보는데, 그마저도 얼굴이 빨개집니다. 남편의 장난스러운 핀잔 때문에 시작한 일이에요. 평소 술을 즐기는 남편이 "화학을 공부한 사람이 술도 못 만드냐"라고 했던 겁니다.

전공자의 자존심을 건드렸군요. 퇴임하기 10년 전부터 전통주를 담그기 시작했어요. 오랫동안 해온 일을 쉬게 되면 달라진 환경 때문에 괜히 우울해지고 힘들어하는 사람이 많잖아요. 그래서 지금 하는 일을 그만둬도 할 수 있는 일이 있어야 한다고 생각했고, 그게 바로 전통주였죠. 퇴임을 하니 되레 기뻤어요. 이제 온전히 내가 하고 싶은 일을 하며 자유롭게 살게 된 거잖아요.

전공자라서 유리한 점이 있었겠죠? 술의 발효 과정을 원리적으로 쉽게 이해할 수 있었죠. 전통주 제조 과정은 의외로 간단해요. 주재료인 쌀(찹쌀, 멥쌀)을 맑은 물이 나올 때까지 여러 번 씻고 불려 고두밥을 지은 뒤 햇볕에 말린 누룩과 물을 넣어 발효시키는 거죠. 이 과정을 어떻게 하느냐에 따라 맛이 천차만별이에요. 늘 온도계를 들고 다니며 수시로 수온을 재고, 매일 날씨를 확인해 볕이 좋은 날을 골라 누룩을 말리지요.

우리 전통주만의 특별한 점이 있나요? 우리 전통주는 단일 효모가 아니라 복합 효모(많은 효소가 포함된)가 기본이에요. 그래서 술을 빚는 지역과 계절, 물맛에 따라 향도 다양하고 맛도 달라지죠. 포천은 아직도 지하수로 만드는 곳이 있어요. 지하수를 사용하면 일반 생수보다 더 깊은 맛을 낼 수 있지요. 같은 재료를 사용해도 술맛이 다양한 이유입니다. 제조 방법을 달리하고 어떤 환경에 두느냐에 따라 전혀 다른 맛이 나는 게 전통주입니다. 그 특별한 매력에 빠졌죠.

전통주 공부는 따로 했습니까? 처음에는 책으로 공부하기 시작했는데, 아무리 읽어도 도통 모르겠더라고요. 술이 화학적 변화로 발효되고, 색깔도 광화학적 빛과 연관이 있다는 것을 이론적으로는 잘 알았지만, 실전에서 본연의 맛을 일정하게 내기는 어려웠거든요. 그러던 중 지인의 소개로 북촌전통주문화연구원의 남선희 선생을 알게 돼 하나하나 배웠어요. 그렇게 5년을 하니 그제야 만족스러운 술맛이 나더군요. 그때 함께 배웠던 사람들과 '기주회'라는 모임을 만들어 한 달에 한 번씩 만나는데, 너무 즐거워요. 전통주로 돈을 많이 벌겠다는 욕심은 없어요. 그저 즐기는 거죠.

전통주 제조 노하우도 나누고 있다고요. 술은 빚는 사람의 기분과 정성, 그리고 그것을 나눠 마실 때 비로소 완성됩니다. 현재 일주일에 한 번씩 여성문화회관에 나가 전통주 강연을 하는 등 이웃들과 모여 소통하려고 합니다. 사람들과 함께 술을 만들고 나누어 마시는 즐거움이 최고의 낙입니다. 서울에서 대학교수로 살 때는 미처 몰랐던 기쁨이죠.

힘든 적은 없습니까? 전통주를 만들면서 힘들다고 생각해 본 적은 단 한 번도 없어요. 사람들과 즐기면서 노는 시간으로 생각하니까 지금까지 할 수 있었던 것 같아요. 뭘 만들어도 돈을 받고 파는 상황에서는 자유를 속박당하는 느낌이 들어 답답하거든요. 그래서 저는 마음 맞는 사람들끼리 모여 함께 작업하는 걸 좋아해요. 술 만드는 데 쓰이는 재료 중에는 미술 재료로도 활용 가능한 것이 많아요. 그래서 전통주를 만드는 일 외에도 민화 그리거나 천연 염색도 하고 있어요. 다 같이 모여서 술 빚고 그림 그리고 천연 염색도 하다 보면 하루하루가 지루할 틈 없이 흘러가죠. 그렇게 만든 것들을 주변에 선물하기도 하는데, 받는 사람들이 기뻐하는 모습을 보면 얼마나 행복한지 몰라요.

퇴직 이후 오히려 더 바쁘고 활기차게 사는 것 같습니다. 오히려 교수 시절보다 더욱 바쁘게 살고 있습니다. 퇴직 후 행복한 시간을 보내려면 은퇴 전부터 자신이 원하는 삶을 적극적으로 찾아야 해요. 저는 남편이 퇴임하기 5주 전부터 다양한 일을 경험해 보게 했어요. 침 놓는 법도 공부하고, 사진 찍는 일도 해보는 등 이것저것 시도하다 보면 자신이 원하는 일을 찾을 거라고 생각했기 때문이죠. 큰 수입이

보장되지 않더라도 즐겁게 할 수 있는 일을 찾는 게 가장 좋은 방법이에요. 제 남편처럼 회사 생활을 오래 한 분들은 퇴직 후 갑자기 혼자가 된 것 같은 기분이 들기도 하거든요. 그럴 때 마음이 급하다고 지금껏 해보지 않은 일에 무작정 뛰어들면 오히려 힘들 수 있어요. 은퇴 후의 삶이 꼭 무언가를 향한 도전이 아니어도 괜찮다고 생각해요. 자신이 하던 일이나 전문 분야를 활용해 다양한 경험을 하다 보면 행복한 삶으로 이어지지 않을까요?

그렇게 되기 위해 과감하게 삶의 터전을 한번 바꿔보는 게 도움이 될까요? 저는 교수 재직 시절에 친했던 지인의 소개로 퇴임 후 포천에 자리를 잡았어요. 사실 서울에서도 술을 빚을 수는 있겠죠. 하지만 도시에서는 술을 빚고 나누며 전보다 자유롭고 홀가분한 삶을 사는 데 이런저런 제약이 있지 않았을까 싶어요. 그동안 대학교수로서 하던 일과 위치가 있고, 또 그런 제 모습을 봐오던 사람들의 시선이 있으니까요. 그래서 지금 이곳에서의 일상이 매우 만족스럽습니다. 이 글을 읽는 모든 분들이 자신이 하고 싶은 일과 그 일을 하기에 가장 좋은 곳을 꼭 찾아 행복한 삶을 누리기를 진심으로 바랍니다. J

은퇴 후의 삶이 꼭 무언가를 향한 도전이 아니어도 괜찮거든요.
다양한 경험을 해보는 것이 행복한 삶의 시작이 될 수 있습니다.

자연 숲속은 최초의
신전이였다

캘리그래피 안덕균
전성기캠퍼스의 열혈 수강생으로 캘리그래피, 펜일러스트, 팝아트 등
다양한 배움에 도전하며 즐거운 인생후반전을 보내고 있다.

PART 5
이런 곳에 삽니다

우리만의 시골 마을에
모여 함께 삽니다

곡성 강빛마을 고진석

미국 애리조나의 선시티, 핀란드 헬싱키의 로푸키리, 일본 가나자와의 셰어 가나자와처럼 우리나라에도 은퇴자 마을이 하나둘 생겼다. 우리나라 은퇴자 마을의 현주소는 어떨까? 전국 최대 규모의 은퇴자 마을인 전남 곡성 강빛마을을 탐방했다.

곡성읍에서도 한참을 달려왔네요. 섬진강과 보성강으로 이어진 길의 풍경이 정말 멋졌습니다. 마을 앞으로는 보성강이 흐르고, 뒤로는 화장산 소나무 숲이 병풍처럼 펼쳐져 있습니다. 자연에서 인생 2막을 살고 싶은, 은퇴자들의 로망과도 같은 동네죠.

강빛마을은 어떻게 조성되었나요? 강빛마을은 농촌에서 보내는 행복한 노년의 삶을 꿈꾸며 2013년 4월 탄생한 마을입니다. 농촌 공동화를 막고 은퇴자 마을의 한국형 모델을 만들자는 것이 취지였지요. 젊은이들이 도시로 떠나 생긴 농촌의 빈 공간을 은퇴자들이 채우는 겁니다. 침체된 농촌 경제 활성화에도 도움을 줄 수 있고요.

생각보다 규모가 엄청나네요. 대지 약 13만2,000m²(4만 평)에 주택 109개 동이 자리 잡고 있고, 마을 입구에 교육관, 문화관, 관리동, 식당, 커피 하우스, 편의점, 국제학교 등 공동 시설과 편의 시설이 있습니다. 유럽풍으로 지은 집 외관이 독특한데, 목조 골재에 스페인에서 직수입한 기와를 얹었어요. 모두 친환경 자재를 사용했습니다. 외벽과 내벽 모두 숨 쉬는 황토 벽돌을 썼고 내부를 한옥의 목구조(木構造)로 만들었죠. 가구당 건축면적은 총 99m²(30평)로 모두 동일합니다. 대지는 넓지만 가옥 간 간격은 좁은 편인데, 여기에는 숨은 의도가 있어요. '노인들이 사는 마을의 규모는 어느 정도 크고, 집은 작게 짓되 서로 가까워야 한다'는 장수 과학 이론을 적용한 것이지요.

내부 구조는 어떻게 되어 있습니까? 기본 구조는 1층에는 방 2개와 주방, 거실이 있고 2층은 원룸 형태입니다. 1층에서 나무 계단으로 올라가게 설계해 2층은 다

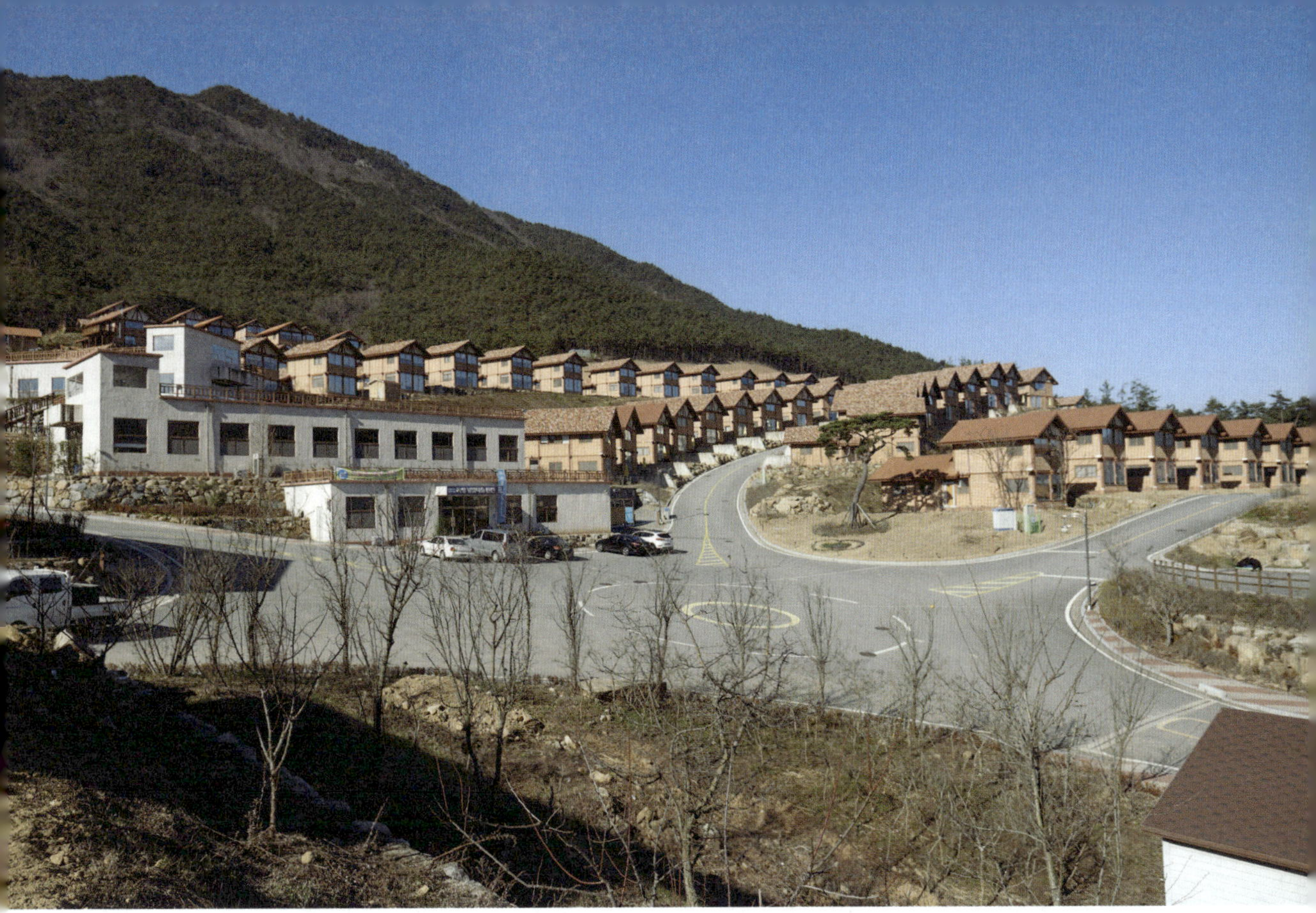

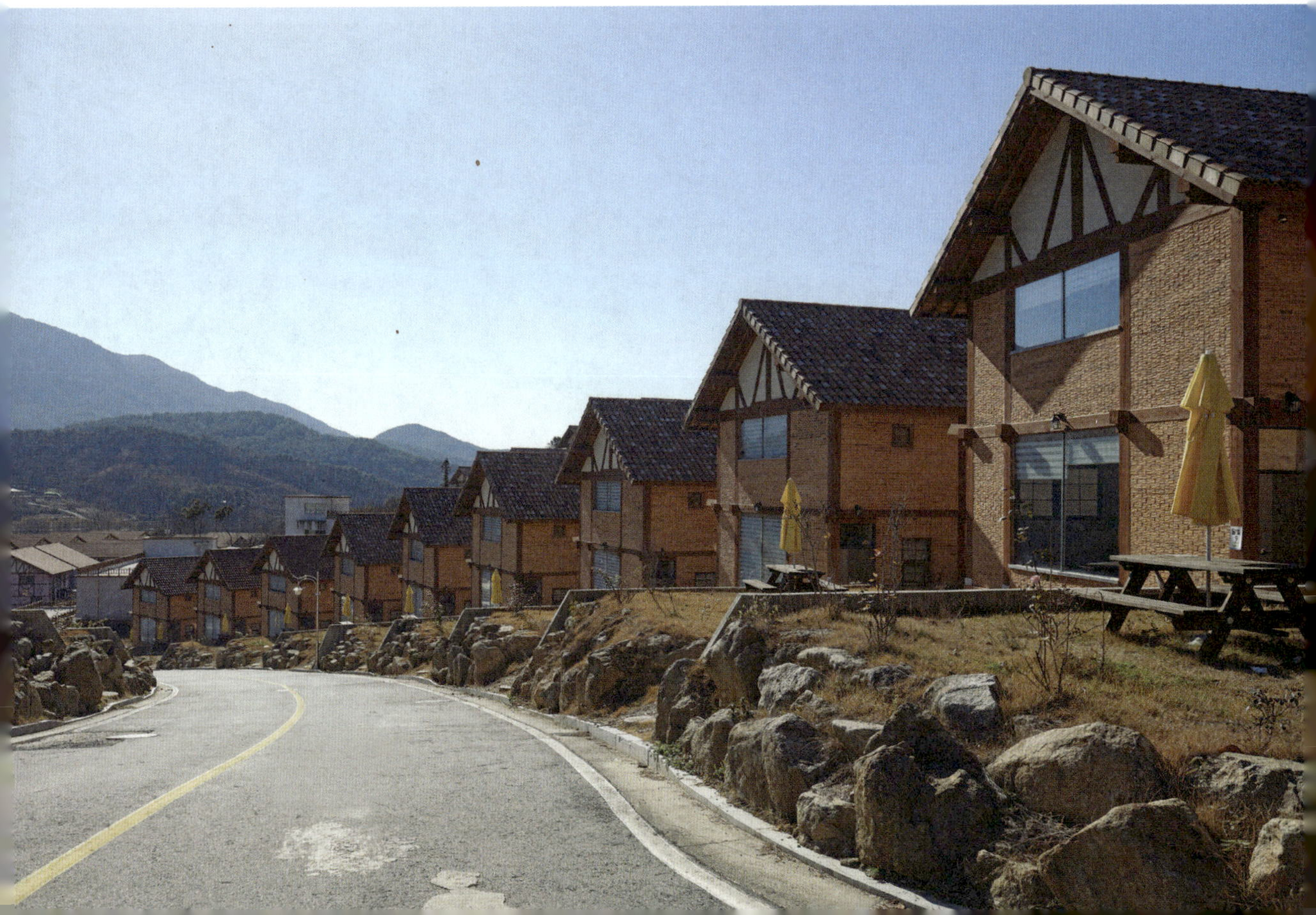

락방 같은 분위기를 자아내지요. 다소 좁은 느낌이 들지만 기본적으로 1~2인 가구에 맞춰 설계해 두 사람이 살기에는 부족함이 없습니다. 또한 취향에 따라 집을 개조해 사용하고 있고요.

특이하게 109개 동 중 50개 동이 펜션이라면서요? 1층은 입주자들의 주거 공간으로, 2층은 침대 2개를 둔 호텔식 민박으로 설계했습니다. 민박을 통한 수익 창출이 가능하도록 해 은퇴자들의 자립을 돕고 있지요.

마을의 중요한 수익 창출 모델이네요. 또 다른 이유는 외부와 지속적으로 소통이 가능하도록 시스템을 갖춘 것이죠. 마을에 나이 든 사람만 있으면 전체 분위기가 처질 수 있어요. 젊은 외부 손님들이 마을에 찾아와 교류하면 마을도 활력이 넘치고 건강해지거든요.

몇 분이나 이 마을에 사나요? 현재 46세대에 70여 명이 살고 있습니다. 나머지 세대는 은퇴 예정자들로 아직 현업에 종사하고 있어 주로 주말에만 이곳에서 머물지요. 입주자들은 정치인, 언론인, 기업인, 대학교수, 자영업 등 다양한 직종에 몸담았던 은퇴자들이에요.

입주자들 사이엔 어떤 공통점이 있나요? 수도권에서 내려온 사람이 80퍼센트입니다. 또 '시골에 대한 동경' '아내가 시골행을 주도' '오랫동안 준비' '취미' 등의 공통점이 있어요. 대전에서 온 입주 4년 차 이현숙 씨도 시골 생활을 동경해 오게 되었죠.

이 마을에서 살기로 결심한 이유가 있나요? (입주민 이현숙 씨) 도시에서만 살아서인지 평소 시골 생활을 동경했어요. 그래서 남편을 끌고 왔지요(웃음). 처음엔 경치 좋은 데 땅 사서 예쁘게 집을 짓고 살아볼까 싶었는데, 그렇게 사는 분들을 보니 마을 분들과 융화하는 데 어려움을 겪더라고요. 고민하다가 이곳을 봤죠. 강과 산이 있어 아늑하고, 무엇보다 은퇴한 사람들끼리 모여 사는 것도 좋았어요. (입주민 김수진 씨) 저희는 입주 4년 차인데 '은퇴자 마을'이 중요한 선택의 기준이었어요. 저희 부부는 10년 전부터 은퇴 이후 살 곳을 찾아 전국을 돌아다녔어요. 그러다가 이곳을 선택했는데 은퇴자끼리 모여 사는 게 좋더라고요. 은퇴자 마을이라면 내려놓고 비우면서 살 수 있을 것 같은 기대감도 있었고요.

시골 생활이 지루하지 않을까 싶었는데, 그렇지 않겠네요. (입주자 김수진 씨) 이곳 마을 사람들은 하나같이 바쁩니다. 그 이유는 취미가 있기 때문이죠. 취미가 있는 사람은 절대 지루할 수가 없어요. 취미가 없으면 배우고 싶은 호기심만 있으면 돼요. 읍내 문화센터에 가면 배울 수 있는 강좌가 정말 많거든요. 누군가의 손길이 필요한 봉사 현장도 많고요. 뭔가를 배우고 나눌 수 있는 곳은 널렸어요. 갖춰진 삶보다 맞춰나가는, 만들어가는 삶도 재미있어요.

공동체의 운영 원칙이 있습니까? 강빛마을은 은퇴자들의 느슨한 공동체입니다.

마을 운영진은 촌장·부촌장·이장·사무국장인데, 현재 촌장은 고현석 전 곡성군수입니다. 고 촌장은 공직 은퇴 이후 아내인 김화중 전 보건복지부 장관과 함께 이 마을을 조성했어요. 마을의 중요한 의사 결정은 주민들의 총회로 이뤄지고, 마을 공동 규약도 있습니다. 예를 들면 이곳에서는 입주민끼리 '선생님'이라고 부르고, 또 자신의 종교나 사상을 남에게 권유해서는 안 됩니다. 이 밖에 공동체 생활에 해를 끼치는 일은 금하고, 주민 간 동아리 활동을 적극적으로 장려합니다.

마을 안에 동아리가 있군요. 현재 4~5개의 동아리가 활동 중입니다. 가곡 부르기, 퀼트, 단전호흡, 자전거 타기 등이 있는데, 주민 재능 나눔 형태로 진행돼요. 마을 전체 행사로는 공동 텃밭 가꾸기, 겨울철에 진행하는 일주일에 1회 함께 식사하기가 있어요. 한 번은 남자들이 음식을 준비하고, 한 번은 여자들이 준비해요. 서로 보이지 않는 벽을 허무는 데 좋더라고요.

한 달 생활비는 얼마나 들까요? 씀씀이에 따라 다르지만, 입주자들 말을 종합하면 부부 합산 100만~150만 원 안팎인 것 같습니다. 보통 부부의 연금 정도로도 이곳에서는 기본 생활이 가능하다는 의미죠.

앞으로 강빛마을이 어떤 곳이 되길 바라나요? 강빛마을은 은퇴자 마을로서 완성 단계는 아닙니다. 공동 책방, 공동 식당, 공동 세탁소 등 마을에 채워야 할 것이 많아요. 하지만 이곳에 사는 사람들은 하나같이 은퇴하고 삶의 중요한 것들이 끝난 것이 아니라, 다시 시작하고 작은 것도 함께 만들어가며 사는 재미와 활기를 느낍니다. 그러면서도 쫓기지 않고 삶의 여유를 온전히 느끼며 살고 있죠. 앞으로 또 누가 오더라도 이 마을 특유의 활기와 여유로움은 변함이 없을 겁니다. **J**

곡성 강빛마을 061-363-7757 www.valleyhome.co.kr

전봇대, 가로등 없는
삶을 지향합니다

서천 산너울마을 정성기

서천IC에서 자동차로 5분쯤 달리면 산너울마을이 나온다. 산너울은 '어둠이 깔릴 무렵 희미하게 드러나는 산봉우리 모습이 파도처럼 일렁이는 형세'를 말하는데, 이 마을의 앞뒤 배경이 그랬다. 사방에서 산이 마을을 포근하게 감싸고 있었다. 30대부터 70대까지 이곳에서 생태 공동체를 이루고 사는 이들을 만났다.

산너울마을은 환경부의 '자연생태우수마을'로 선정되면서 귀농을 꿈꾸는 사람, 생태 전원 마을을 구상 중인 지방자치단체 관계자 등의 견학 코스가 됐습니다. 국내 생태 마을의 모델인 산너울마을은 어떻게 만들어졌나요? 산너울마을은 친환경과 공동체 삶을 지향하는 사람들이 모여 사는 곳입니다. 시작부터 생태 전원 마을로 계획됐어요. 2006년 정부가 농촌 지역에 은퇴자를 위한 전원 마을 조성 사업을 추진할 때 코엑스에서 '전원 마을 페스티벌'을 열었지요. 지방자치단체 54곳에서 265곳의 전원 마을이 참여했는데, 서천군의 산너울마을 조성안이 농림축산식품부 장관상을 받았죠.

준공 전부터 전원 마을의 본보기로 많은 관심을 받았겠네요. 마을이 조성되기까지 토지 문제 등 적잖은 난관이 있었지만 서천군과 시공사, 입주민이 머리를 맞대고 극복해 냈어요. 특히 입주자들의 역할이 컸지요. 서천군에서 생태 마을을 조성

중이라는 소식을 듣고 귀농을 원하는 사람, 친환경적 삶을 추구하는 사람, 은퇴를 앞둔 사람 등 전국 각지에서 34명이 모였습니다.

전국에서 입주자가 모여들었군요. 2006년 말에 입주 가구가 최종 확정됐는데, 그중 충청도 출신은 3명밖에 없었어요. 그때부터 입주자들이 모여 자치회를 만들고 매달 한 차례 '달모임'을 가졌어요. 전국의 친환경 마을을 함께 견학 다니면서 마을을 어떻게 조성할지 구상했죠. 집 배정, 집 구조, 가로수, 대지 지분 분배 등 달모임에서 마을 조성과 관련한 모든 것을 의논하고 결정했어요. 의견이 엇갈릴 때도 다수결이 아니라 1박 2일 토론을 통해 서로 양보하고 배려하며 전원 합의를 이끌어냈어요. 활발하게 소통하면서 마을 주민들끼리 정말 끈끈해졌지요.

마을 사람들 모두 '생태적인 삶'의 가치를 공유한다고 들었습니다. 산너울마을은 태양광·태양열 에너지를 활용한 생태 마을로 조성되었습니다. 덕분에 여름뿐 아니라 겨울에도 전기료가 거의 들지 않아요. 공용 시설도 모두 친환경적이죠. 상수도는 지하수를 사용하고, 생활하수는 갈대와 각종 미생물이 가득한 습지를 조성해 자연정화를 합니다. 마을 도로도 물이 흡수되는 친환경 소재를 적용했어요. 또 이곳에는 전봇대와 가로등이 없어요. 인공 빛이 생태계를 교란할까 봐 설치하지 않았고, 또 주민들이 밤에 별을 보길 원해 가로등 대신 높이 80cm의 태양광 조경등을 달았습니다. 이러한 모든 것이 마을 사람들 모두 '생태적인 삶'의 가치를 공유하기에 가능했습니다. 마을 곳곳에 이러한 삶을 추구하는 주민들의 생각이 깃들어 있지요.

마을 규모가 작지 않은 것 같습니다. 3만m²(약 9,100평)의 부지에 34가구의 주민 100여 명이 3개 단지에 살고 있습니다. 대부분 50대 이상이지요. 60대 이상은 은퇴한 분들이고요. 그러나 30·40대도 여럿 살아요. 마을에 학생이 13명이나 돼요. 모든 세대가 더불어 사는 거죠. 그래서 더 좋아요.

집 구조가 궁금합니다. 에너지 절약과 건축비 절감 차원에서 한 건물에 2가구가

붙은 형태로 지었습니다. 다만 공간은 분리돼 있고요. 크기는 59.4㎡(18평), 79.2㎡(24평), 105.6㎡(32평) 세 종류입니다. 흙과 나무 등 친환경 소재로 지었고, 내부 구조는 거실 하나에 방 3개가 기본인데, 이를 각자 상황에 맞게 조정했어요. 1인 가구는 거실을 넓게 빼는 대신 방은 하나만 두는 식으로요.

공동 시설도 꽤 갖춘 것 같습니다. 취미실, 도서관, 어린이 놀이터, 야외무대, 복합문화관, 공동 텃밭 등이 있습니다. 복합문화관을 제외한 나머지 시설은 모든 입주 세대가 2평에 해당하는 돈을 내서 지었지요. 마을 주민이면 누구나 24시간 이용할 수 있는데, 외부인이 이곳을 이용하려면 주민과 동행해야 합니다.

공동체 규약 같은 게 있습니까? 자치회에서 마을을 운영하는데, 마을과 관련한 모든 결정은 주민총회에서 합니다. 마을에는 주민들이 반드시 지켜야 할 규약도 있죠. '개와 고양이를 제외한 동물은 기를 수 없다' '옆집과 담을 쌓지 않는다' '공동체를 지향한다' '복지·편의 시설은 공동으로 관리한다' '대지는 공동 지분으로 한다' '주택을 매매할 경우 마을회의를 거친다' 등입니다. 이 규약은 공증까지 받았기 때문에 조금 불편해도 산너울마을에 살려면 지켜야 할 전제 조건이라고 할 수 있죠.

주민들 교류는 활발한 편인가요? 주민끼리 소통이 잘되고 교류도 잦아요. 마을 내에 동아리도 여러 개 있어요. 붓글씨 동아리, 연극 동아리, 메주 동아리 등이 있는데 모두 주민 재능 기부로 운영되죠. 연극 동아리는 마을 복합문화관에서 공연도 합니다. 귀농이나 귀촌을 한 분들 중에는 원주민들과 교류하는 데 어려움을 겪는 경우가 많아요. 저희는 등고리 주민들과도 길 닦기, 칠석, 정월 대보름, 체육대회 등 1년에 네 차례 이상 교류하며 잘 지내요.

사람 사는 곳이라 갈등이 전혀 없을 수는 없을 텐데요. 우리 방식대로 대화를 통해 해결하죠. 물론 서로에 대한 기본적인 신뢰가 있어야 가능한 일이에요. 저마다 개성도 강해 부딪칠 때도 있지만, 마을 환경 조성 사업 계획 같은 공동 프로젝트가 있을 때는 굉장히 적극적입니다.

산너울마을에 입주하려면 어떻게 해야 하나요? 집을 매매해야 하는데, 매물은 마을 홈페이지에 공지합니다. 매매 전에 주민자치회 회장과의 면담이 필수예요. 산너울마을 일원으로 살아가기 위한 과정이자 마을 공동체를 유지하는 하나의 방식입니다. ⓙ

산너울생태영농조합법인 www.sanneoul.org

은퇴를 준비하는 도시인의
자연 속 한옥 마을이지요

홍천 내촌마을 김민식

강원도 홍천군 내촌면에 취향이 비슷한 도시인들이 하나둘 모여들어 작은 마을을 형성한 곳이 있다. 이름난 목수가 10년 동안 원하는 사람에게 한 집 두 집 지어주다 보니 어느새 20가구 가까이 되어 마을을 이룬 것이다.

이곳에 어떻게 한옥 마을이 조성됐나요? 목수 이정섭 씨 이야기부터 해야겠네요. 이정섭 씨는 서양화를 전공하고 공공 미술을 하려던 청년이었는데, 농사지으며 살 생각으로 시골로 내려갔지요. 하지만 막상 시골에서 생계가 해결되지 않자 궁리 끝에 목수 일을 해보려고 집 짓기를 배웠답니다. 그리고 2002년 강원도 내촌에 땅을 사 살림집 겸 샘플 하우스를 지었어요. 하지만 집은 덩치가 커서 다 지은 후 팔리지 않으면 손해가 컸어요. 그래서 궁여지책으로 가구를 만들기 시작했죠. 가구야 하나 만들어서 안 팔려도 버틸 수 있다고 생각한 거죠.

그게 바로 내촌목공소의 시작이군요. 신문에서 읽은 기억이 납니다. 평생 목재를 만지며 살아온, 목재 회사 대표인 저도 이정섭 씨의 가구를 보니 기가 막히더군요. 내촌목공소의 고문으로 이정섭 목수를 도우면서 살자 하고 내촌에 와서 집을 하나 지었습니다. 지내다 보니 자연도 좋고 집도 좋아 옆에 집 짓고 같이 살자고 친구들을 설득했고, 친구들이 하나둘 들어오면서 내촌에 집이 늘고 마을이 형성됐어요.

구경하러 왔다가 내촌에 정착하게 됐군요. 서울 갤러리에서 열린 이정섭 목수의 가구 전시를 보고 내촌목공소로 구경을 왔다가 집을 보고 반해서 집을 짓다 보니 내촌마을 1·2가 생기게 되었습니다. 홍천군 내촌면에 골짜기를 끼고 있는 지골마을과 길 건너 큰골마을이 각각 내촌 1·2인데, 현재 윗마을에는 8가구, 아랫마을에는 6가구가 있고 지금도 자기 집이 올라가길 기다리는 이들이 있지요.

집들이 참 멋있습니다. 보통 집을 지을 때는 3~4개월이면 족하지만 이정섭 목수는 1년 가까이 걸립니다. 건축할 때 시간은 다 비용이지만 문고리 하나에도 정성을 쏟다 보니 건축주 입장에서는 평생 한 번 지을까 말까 한 집을 갖게 되는 거죠.

흔히 생각하는 한옥의 모습과는 사뭇 다릅니다만, 왜 한옥이라 부르나요? 내촌목공소가 만든 집의 공식 명칭은 '내촌목공소 한옥'입니다. 한옥이라는 말을 듣고 집을 보면 의아해하는 분이 많죠. '기와 한 장 없는 집이 어찌 한옥일까?' 하면서요. 우리는 '한국인의 삶을 담은 집'이라는 의미로 한옥이라 부릅니다. 고려 시대에는 고려 한옥이 있고, 조선 시대에는 조선 한옥이 있고, 21세기에는 그에 맞는 집 형태가 있겠죠. 이는 건축가 김봉렬 교수가 말한 한옥의 개념이기도 하고요.

내촌목공소 한옥이 특별한 점은 무엇입니까? 내촌목공소 한옥에 사는 이들은 하나같이 새 집에 들어가도 불쾌한 냄새가 전혀 나지 않고, 나무 향기가 솔솔 난다고 말합니다. 나무 외에는 보온재로 쓰이는 그 흔한 글라스울도 전혀 쓰지 않지요. 그래서 절대 가격이 싸지 않죠. 보통 주택 건축비가 평당 600만 원 정도인데 내촌목공소는 평당 1,000만 원 정도 듭니다.

나무로 만든 집이라니, 무슨 나무를 쓰나요? 기와 없는 전통 한옥을 짓는 이들은 우리 소나무가 최고라고 고집하지요. 그런데 좋은 나무란 무겁고 비싼 나무가 아닙니다. 용도에 맞게 써야 좋은 목재입니다. 세상에는 가볍고 경제적인 나무도 많습니다. 내촌목공소 한옥의 기둥, 보, 도리 등은 소나무, 전나무, 가문비나무로 만들고 창틀과 문틀은 물푸레나무나 참나무, 문손잡이는 참나무와 호두나무를 씁니다. 소박하게 보이는 지붕에는 프랑스산 고급 목재를 썼지요. 전 세계의 목재를 다루어본 제가 내린 결론은, 나무는 적재적소에 맞게 써야 한다는 겁니다. 그래야 내구성뿐 아니라 경제적 측면에서도 효율적이지요.

마을엔 어떤 분들이 모여 삽니까? 백우산 기슭의 이층집은 미술품 컬렉터인 치과의사 조문건 원장의 집입니다. 목수가 하나하나 손으로 지은 것에 감동해 작품을 소유한다는 마음으로 집을 샀답니다. 살아보니 지형에 맞게 자리하고 있어서 집에 머무는 맛이 대단하다고 해요. 배훈식·박정수 부부는 서양화가인 딸이 부모님 손을 잡고 내촌마을을 구경하러 왔다가 정착하게 되었죠.

직접 살아보니 어떻습니까? (마을 주민 조문건 씨) 나이 50이 넘으니 일상의 고단함을 해소할 휴식처가 절실했지요. 저는 내촌 집 덕에 생활에 활력이 생겼습니다. 툇마루를 쓸고, 나무를 하고, 풀도 베고… 노동이 주는 즐거움이 좋습니다.
(마을 주민 배훈식 씨) 아내가 개업의인데, 토요일 진료가 끝난 오후에 들어와 일

요일 오전에 나갑니다. 스케줄이 빡빡할 것 같지만 그렇지는 않아요. 산으로 둘러싸인 동네의 포근함과 자연도 행복을 주지만, 일상과 단절되는 느낌이 들어 더없이 힐링이 되죠. 아내는 여기에 앉아 뒤뜰을 보는 맛에, 저는 불 피우는 맛에 빠져 있어요. 서울 아파트는 짐이 참 많은데, 여기에 와보니 이것저것 갖추지 않아도 불편하지 않더라고요. 은퇴 후 비워내는 삶을 미리 연습하는 중입니다.
(마을 주민 박성주 씨) 내촌마을에서 가장 작은, 방 하나에 거실 겸 주방이 있는 43m²(13평) 집에 살고 있어요. 한옥을 기본으로 하되 모던한 점이 좋았고, 상업적 느낌이 아닌 진정성이 느껴져 남편과 상의도 안 하고 계약부터 해버렸어요. 다행히 남편이 더 좋아해 집 둘레의 돌담도 손수 쌓았답니다. 중·고등학생 아이까지 네 식구가 지내는 데 불편하지 않아 여름휴가도 이곳에서 보냈어요. 나중에 이 집 옆에 16m²(5평)짜리 집을 지을 예정입니다.

마을 주민들끼리는 어떻게 교류하고 있나요? 집들이 가까이 있지 않지만 돌아가는 상황은 서로 알고 있습니다. 여름에 바위를 테이블 삼아 별 보며 맥주를 마신다거나 모닥불을 피우는 등 주말에만 오는 입주 1년 차 주민들끼리도 추억을 쌓고 있어요. 내촌마을의 묘미는 이웃에 있습니다. 내촌마을 사람들뿐 아니라 내촌 토박이들과도 이웃으로 지내는데, 고구마나 단호박 철이 되면 농작물을 팔기도 해요. 농촌 사람들은 팔아서 좋고, 도시 사람들은 싱싱한 로컬 푸드를 먹을 수 있어 좋은 식이지요.

은퇴자의 마을이 아니라 은퇴를 준비하는 마을이군요. 어떤 의사분이 은퇴 후 내촌에 작은 병원을 열어볼까 하더라고요. 그 이야기를 들은 약사 출신 주민은 여기에 약국도 없다며, 그 옆에 약국을 열어볼까 하며 운을 뗐죠. 은퇴 후 삶은 이처럼 이웃과 함께할때 행복이 배가되지 않을까요. 좋은 옷 입고 나가도 봐주는 이가 있어야 즐거운 법이니까요. ⓙ

오래된 목조 주택을
취향대로 고쳤습니다

―――――

화순 시골집 이택균·임경혜

부부는 여러 차례 다른 나라를 여행하면서 40·50대 부부들이 전원생활을 즐기며 생활하는 것을 보고 나이 들면 귀촌해야겠다고 생각했다. 50대에 들어서면서 이젠 때가 되었다는 생각이 들었고, 꽃꽂이 강사였던 아내는 지인의 추천으로 빈집 찾기를 시작했다. 그리고 섬유 관련 사업을 하던 남편과 함께 6년 전 전남 화순의 목조 주택에서 제2의 인생을 꾸렸다.

귀촌은 언제부터 생각했나요? 전원생활을 결심한 건 50대 초반부터였죠. 이곳에 오기 전 두 차례 정도 시행착오가 있었어요. 첫 집은 부지가 너무 낮아서 물에 잠겼고, 두 번째 집은 계약까지 했는데 무산됐죠.

시골에서도 집 구하기가 생각보다 어렵군요. 발품을 판 것은 물론 공인중개사, 지역 농업기술센터 등에서도 정보를 얻었어요. 그러던 중 10년도 넘게 비어 있던 낡은 목조 주택을 만났죠. 집 뒤쪽이 대밭이라 무성한 대나무들이 지붕까지 뚫고 들어와 있었는데, 주변에서는 헐고 신축하는 게 낫다고 했죠. 그런데 왠지 전 잘 살려서 고칠 수 있을 것 같더라고요.

시간과 비용은 얼마나 들었나요? 본채와 안채, 창고를 포함한 약 6,600㎡(2,000

여 평) 부지의 토목공사를 시작으로 82m²(25평) 집을 고치는 데만 5개월이 걸렸습니다. 25톤 트럭으로 60대 분의 돌을 날랐고, 흙은 거의 그대로 살렸어요. 부지와 건물 구입비로 2억 원이 들었고 철거비와 토목, 개조, 보일러, 도배, 장판 등의 설치비가 인건비를 포함해 약 5,200만 원 들었습니다.

고치고 나서 가장 만족스러운 부분과 아쉬운 부분이 있다면? 저희가 가장 좋아하는 건 온돌방이에요. 아파트 바닥과는 비교할 수 없이 따뜻하죠. 아쉬운 건 목조주택이라 시간이 흐르니 문틀이 조금씩 뒤틀렸어요. 그만큼 기존 건물의 특성을 잘 파악해야 한다는 교훈을 얻었죠.

부지가 꽤 넓은데 관리는 어떻게 하세요? 집을 둘러싼 땅은 봄이 되면 온통 꽃밭으로 변해요. 그래서 2월부터는 제초 작업도 해야 하죠. 하지만 즐겁습니다. 작년에는 창고를 다시 고쳐 작은 찻집까지 마련했죠. 이 나이에 돈을 벌자는 생각은 없

어요. 자연과 함께하고, 또 이곳에서 새로운 일을 찾아 한다는 게 중요하죠. 그래서 나중에는 본채를 게스트하우스로 운영하고 싶어요. 사람들과 주변의 아름다운 자연을 같이 누리고 싶어서요. 그런데 때가 되면 자식들에게 물려줘야해요. 딸이 벌써 나중에 여기서 살겠다고 하더라고요.

자연 속에서 빈집을 고쳐 살고 싶은 분에게 팁을 준다면요? 먼저 무엇을 할 것인지 미리 생각하고 집을 정해야 해요. 건물마다 용도가 정해져 있고, 나중에 활용할 용도에 따라 집 고칠 때 정화조나 전기 설비 등이 달라집니다. 흙집과 목조 주택 등 건물 특성도 고려하세요. 개조 방법이 완전히 달라집니다. 집을 고칠 때는 바닥, 창문, 기둥 등 각 분야의 전문가들에게 따로 맡길 것을 추천합니다. 문 뒤틀림 수리, 바닥 장판의 곰팡이 제거 등 처음부터 항목을 구체적으로 나눠야 경비를 절감할 수 있답니다. 가장 신경 써야 할 부분은 지붕입니다. 살아보니 단열이 가장 중요해요. 전원생활은 겨울이 6개월이라고 보면 되거든요. 또 옛집은 수납공간이 턱없이 부족하니 가구도 신중하게 선택해야 합니다. ●

돈을 벌자는 생각은 없어요. 자연과 함께 하고
또 이곳에서 새로운 일을 찾아 한다는 게 중요하죠.

5.5평짜리 작은 집 한 채를 직접 지어 삽니다

제천 작은집건축학교 문정호·손정현

문정호·손정현 부부는 미술 학도 출신이다. 결혼 후 재능을 살려 인테리어 사업을 했지만 '크게' 망했다. 전셋집이 월셋집이 되고, 결국엔 월세도 감당하기 어려운 상황이 되자 부모님 집으로 살림을 옮길 수밖에 없었다. 부모 자식 사이라도 대가족이 오순도순 산다는 게 말처럼 쉬운 일은 아니었다. 결국 부부는 집 앞 사과밭에 작은 집을 지어 '분가'를 했고, 이것이 이들을 다시 일으켜 세운 씨앗이 되었다.

어떻게 과수원 한쪽에 집 지을 생각을 했나요? 처음에는 작은 휴식 공간을 만들 생각이었어요. 그러다가 하는 김에 세면 시설을 만들고 작은 주방도 하나 만들다 보니 작은 집이 된 거죠. 말이 집이지, 현관도 없이 전면 창으로 된 공간이었어요. 남들 눈에는 허름해 보일지 몰라도 저희는 여기에서 산 6년이 가장 행복했습니다. 겨울에 춥고 여름에 더운 집이었지만, 통창으로 쏟아지는 햇빛과 자연 풍경을 바라보면 마음이 편안해지고 삶을 긍정적으로 바라보게 되더라고요.

작은집건축학교는 어떻게 시작하게 되었나요? 열심히 일했지만 사업에 실패했고, 경제적으로는 바닥을 치고 있는 상황에서 어떻게 먹고살아야 하나 머리를 맞대 고민을 해보니 우리에게 남은 건 '집 짓는 방법을 알고 있다'는 것이었어요. 집은 한 사람이 짓는 것이 아닌 목조, 설비 등 각기 다른 전문가가 붙어서 완성하는 것이니 저희가 알고 있는 한 채의 집이 완성하기까지의 전 과정을 사람들에게 가르쳐주자고 생각했죠. 일단 한겨레 교육문화센터에 제안서를 보내 수업을 개설했고, 아무도 오지 않을 줄 알았던 첫 수업에 8명이 참여했어요. 그 뒤로 점점 좋은 반응을 얻게 되었죠.

어떤 분들이 수업을 신청했나요? 건축주가 된다고하면 누구나 그 집에 모든 욕망을 투여할 수밖에 없죠. 하지만 집을 짓는 사람 입장에서는 현실적 어려움을 이해시키고 타협안을 만들어야 해요. 쉽게 말하면 건축주의 로망을 접게 하는거라 그 사이에서 오해가 많이 생기죠. 이런 경험을 해본 분들이 저희 작은집건축학교를 찾아오기 시작했어요.

수업 시간에 진짜 집을 짓나요? 작은집건축학교 수업은 8일간 함께 숙식하며 약 18m^2(5.5평)짜리 작은 집을 처음부터 끝까지 짓는 과정으로 이루어져요. 정말 8일 만에 집을 지을 수 있을지 기대 반 의심 반으로 찾아온 수강생들은 직접 공구를 만지고 땀방울을 흘리면서 작은 집 짓기에 매달리지요. 지금까지 작은집건축학교를 거쳐간 수강생은 400명이 넘어요. 나이도, 하는 일도 모두 다르지만 집에 대한 관심과 애정만큼은 엄청납니다.

내 손으로 집을 지어 자연에 정착하려는 분들에게 팁을 준다면요? 집을 짓고 싶어 하는 사람들은 대부분 귀농·귀촌을 희망합니다. 하지만 결심하기도 쉽지 않고 '한달 살기'나 '1년 살기'로도 완벽하게 정착하기가 어렵죠. 좀 더 오래 머무르며 적응하는 과정이 필요한데, 그동안 거주할 공간이 마땅치않아요. 어쩌면 작은 집이 그 대안이 될 수 있지 않을까요. 이를테면 자신들이 직접 지은 작은 집을 모은 '작은집마을'을 만드는 거예요. 함께 적응하며 귀농귀촌의 단점을 보완할 수 있고, 주말 주택처럼 분리된 생활도 가능하죠. 마을 전체가 하나의 커뮤니티를 만들면 요즘 사회문제가 되고 있는 고독감을 느끼는 시니어도 줄어들 겁니다.

작은집건축학교 cafe.naver.com/zacrhouse

시골 빈집을 개조한
나만의 흙집에서 삽니다.

서천 시골흙집 오미숙

오미숙 씨는 어린 시절 놀러 갔던 할머니 댁의 한옥과 마당을 잊지 못해 시골행을 결심했다. 거의 매일 인터넷으로 빈집을 물색하고 주말마다 그곳을 찾아갔다. 3년간 계속 발품을 팔았고, 포기 직전에 충남 서천에서 자신이 원하던 66㎡(20평)짜리 빈 한옥을 찾을 수 있었다.

왜 굳이 빈집을 찾은 건가요? 땅을 보러 다니다 보니 집을 짓는 건 비용이 많이 들고 시간도 오래 걸릴 것 같았어요. 그래서 차라리 빈집을 찾아봐야겠다고 생각했죠. 빈집은 인터넷 검색만으로는 한계가 있어요. 반드시 직접 가서 봐야 합니다. 그래서 무려 3년이나 발품을 팔며 찾아다녔죠.

이 집의 어떤 점이 마음에 들었나요? 창고와 별채를 포함해 부지가 총 330㎡(100여 평)였는데, 대나무 숲이 둘러싸고 있고 언덕에 위치해 탁 트인 전경이 눈에 들어왔죠. 또 아궁이가 있어서 정겨웠어요. 그 모습을 보고 반했죠.

원래 인테리어 일을 하셨다고요? 공사가 비교적 수월했을 것 같습니다. 잘 모르는 곳보다는 아무래도 제가 잘 아는 서울 업체와 일하는 걸 택했습니다. 공사 기간이 곧 비용으로 이어지기 때문이지요. 한 달여에 걸쳐 방 4개에 욕실 1개(창고를 욕실로 개조)와 장독대, 데크까지 하나둘씩 완성되었습니다. 이렇게 하니 부지와 건물 구입에 2,500만 원, 철거비와 토목, 개조, 보일러, 도배, 장판 등 설치비와 인건비를 합해서 5,100만 원 들었습니다. 총 7,600만 원 정도 들었네요. 집은 황토벽으로 이루어진 흙집이었기에 묵은 때와 부식물 제거에 손이 많이 갔어요. 주방과 안방, 창고에는 창문을 더 냈는데, 주방과 안방의 창문은 벽 중간을 가로지르는 휜 나무를 그대로 살려 독특한 모양이 되었어요. 천장의 서까래도 그대로 노출시켜 시원하게 보이도록 했고, 내부 흙벽은 한지로 도배해서 한기를 막았죠. 벽장이 있는 집이어서 그대로 살려 쓰니 수납이 한결 쉬워졌어요. 특히 신경 쓴 곳 중 하나가 부엌이에요. 현대식으로 개조했지만 아궁이는 그대로 살렸죠.

지금은 주말 주택으로 활용하고 있다고요. 친구들과 동네 주민들로 북적거리는 집에 있다 보면 영락없는 자연인, 시골 여인이 된 것 같아요. 지금은 저처럼 시골에 집을 마련하고 싶어 하는 사람들을 도우면서 바쁘게 살고 있습니다.

빈집을 고쳐서 살고 싶은 사람들에게 조언을 해준다면요? 강원도나 경상도, 전라도가 수적으로나 질적으로 좋은 곳이 많지만 서울에서 너무 멀다면 경기도(용인, 이천 등) 지역을 추천합니다. 빈집 개조는 사전에 비용을 정확히 산출하기 어렵습니다. 고치다 보면 의외의 수리비나 개조비가 들어서 비용이 초과되는 일이 많아요. 초과될 예산까지 감안해서 예비비를 마련해 두는 게 좋습니다. 수리할 빈집을 고를 때는 골격이 가장 중요합니다. 주춧돌이나 기둥이 잘 서 있는지 체크하고, 설비와 미장할 때는 방수를 꼼꼼히 해야 합니다. 또 기존 농가에는 아직 석면슬레이트 지붕이 많습니다. 이런 지붕을 철거할 때는 절차가 따로 있으니 업체와 전문가에게 맡기세요. 일반 지붕에 비해 철거비는 두 배가량 비쌉니다. 흙집이나 목조 주택을 고칠 때는 한꺼번에 다 고칠 생각하지 마세요. 자연 재료는 시간이 지나면 변합니다. 살면서 계속 손보고 보완해야 한다고 생각하세요. ●

휴대폰 카메라로
아래의 큐알코드를
찍으면 바로
연결됩니다.

유튜브 전성기 TV

〈유튜브 전성기TV〉를 소개합니다.

요즘 내 또래 50+들은 무엇을 즐기고, 어떤 걸 준비하고, 배우고 있을까? 잘 나이들기 위해 오늘도
많은 생각을 하는 당신을 위해 **〈유튜브 전성기TV〉**가 웰에이징의 진짜 이야기를 시작합니다.
꼰대말고 찐 어른이 되고 싶은 당신에게 들려주는 인생선배들의 이야기는 '웰에이징 특강'으로,
꼿꼿한 100세시대를 준비하는 건강관리 꿀팁은 '웰에이징 필수과정'으로,
배움에는 끝이 없는 예술, 문화, 역사 이야기는 '웰에이징 교양과정'으로,
시니어 일자리 정책과 나랏돈 지원 제도 등 알아두면 쓸모있는 정보들은 '웰에이징 실전과정'으로
잘 나이들기 위해 필요한 웰에이징의 모든 것을 쉽고 재미있는 영상으로 안내합니다.
이미 1만명 이상의 구독자들이 매주 새로운 영상과 함께 건강하고 의미있는 나이듦을
배우고, 나누고, 생각하고, 실천하고 있는 **〈유튜브 전성기TV〉**와 함께 웰에이징을 시작해보세요.
당신은 지금보다 더 멋지고 건강한 어른이 될 수 있습니다.

www.junsungki.com

전성기 포털메인

정가 9,000원

〈전성기 웰에이징 시리즈〉가 보고 싶다면

건강하고 의미 있는 나이 듦의 즐거움과 가치를 인생 선배들의 진솔하고 따뜻한 이야기로 만나세요. 인터넷 서점 및 밀리의서재에서 구입 및 구독 가능합니다. 좋은 어른이 되고 싶은 나와 주변 사람들에게 선물하세요.

YES24 www.yes24.com
인터넷 교보문고 www.kyobobook.co.kr
밀리의서재 www.millie.co.kr

무료 구독 방법

온라인 독자엽서 보내기 책을 읽고 느낀 점부터 당신의 고민과 바라는 점을 남겨주세요. 정성스런 의견에 보답하고자 다음 시리즈 1부를 보내 드립니다. (1인 1회한)

(전성기닷컴 접속 > 메뉴에서 매거진 클릭 > 하단의 독자 엽서 클릭)

전성기닷컴 이벤트 참여하기 설문 이벤트 등이 진행됩니다. 이벤트에 참여하시면 추첨을 통해 1인 1부를 보내드립니다.

전성기 웰에이징 시리즈

도시를 떠나서 살아볼까?

발행일 2022년 3월 14일

발행처 라이나전성기재단

서울시 종로구 삼봉로 48 시그나타워 16층 (02)6330-6813

www.junsungki.com

발행인 최종구
편집인 정태면
책임 편집 박미순, 주나경

디자인 시코(C Co.)
캘리그라피 손두형, 최인숙, 안덕균
교열 오미경
인쇄·제본 나우미디어
원색분해·제판 하이테크컴

ISBN 979-11-975145-9-3

이 책은 2014년 5월부터 2021년 4월까지 라이나전성기재단에서 발행한 월간 <전성기> 매거진의 기사를 재가공해 제작했습니다. 책에 실린 글, 사진, 그림 가운데 특별히 저작권자를 표기하지 않은 것은 라이나전성기재단에 저작권이 있습니다. Copyright©JUNSUNGKI FOUNDATION. All rights reserved

인생은 속도보다 방향이라지요?
삶의 공간을 바꿔 나만의 방향을 찾아보세요.